LA DISGRACE

DE

SIDI MOUSTAPHA KHASNADAR

ANCIEN PREMIER MINISTRE

DE

LL. AA. AHMET, MOHAMED, ESSADOCK

BEYS DE TUNIS

CONSIDÉRÉE AU POINT DE VUE

DES

INTÉRÊTS EUROPÉENS

Par Edmond DESFOSSÉS

AVOCAT

PARIS

LE CHEVALIER, LIBRAIRE-ÉDITEUR, RUE RICHELIEU, 61

Imprimerie Polyglotte de LOUIS HUGONIS, 19 & 13 bis, passage Verdeau

MDCCCLXXV

LA DISGRACE

DE

SIDI MOUSTAPHA KHASNADAR

ANCIEN PREMIER MINISTRE

DE

LL. AA. AHMET, MOHAMED, ESSADOCK

BEYS DE TUNIS

CONSIDÉRÉE AU POINT DE VUE

DES

INTÉRÊTS EUROPÉENS

Par Edmond DESFOSSÉS

AVOCAT

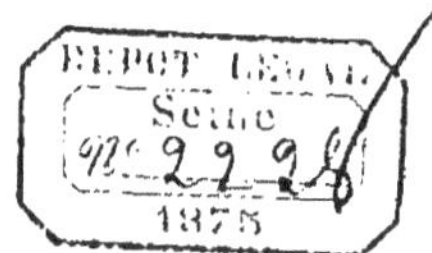

PARIS

LE CHEVALIER, LIBRAIRE-ÉDITEUR, RUE RICHELIEU, 61

Imprimerie Polyglotte de LOUIS HUGONIS, 19 & 13 bis, passage Verdeau

MDCCCLXXV

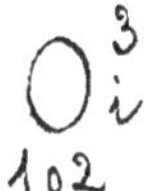

Pendant notre séjour à Tunis (1873-74), les esprits se trouvaient dans un état d'agitation qui est bien rare dans la vie orientale.

Sidi Moustapha, premier ministre de S. A. le Bey de Tunis, venait d'être révoqué des ses fonctions et privé de toutes ses dignités.

C'était un événement considérable.

Quelle était la cause de cette disgrâce, et qui l'avait provoquée.

Bien des rumeurs circulaient, mais, où était la vérité ?

Ce qui paraissait certain, c'est que Sidi Moustapha était accusé d'avoir détourné, à son profit, des sommes considérables appartenant à l'État, et que, indépendamment de ses ennemis personnels, c'était à la France qu'il fallait attribuer son renversement.

Il y avait donc, dans la chute de Sidi Moustapha, une cause qui lui était personnelle, et une raison de politique étrangère.

Quant aux détails, quant aux incidents, il était impossible de les connaître avec certitude. Dans un pays où la vie politique n'existe pas, où il n'y a pas de journaux, on en est réduit aux informations, aux indiscrétions ; et, tel fait qui semblait avéré aujourd'hui, se trouvait être inexact le lendemain.

Pour savoir la vérité, il était donc sage d'attendre ; c'est ce que nous avons fait. A l'aide des renseignements et des documents que nous avons recueillis chaque jour, et de ceux que nous nous sommes procurés depuis, nous croyons pouvoir faire connaître exactement cette révolution de Palais, le fait le plus considérable qui se soit accompli en Tunisie, depuis bien des années.

Deux motifs nous sollicitent : d'abord, l'intérêt de la France, mal compris et compromis ; et, en second lieu, l'intérêt de l'Europe, lié intimement à celui que poursuit la France. Pour cette double démonstration, nous aurons besoin de faire l'historique de l'administration de Sidi Moustapha, de le justifier des accusations portées contre lui, et de nous retourner contre ses accusateurs.

Aujourd'hui, notre tâche est facile ; mais, il eût été difficile de l'entreprendre sous le coup des événements. Tant de passions étaient surexcitées, tant d'ambitions demandaient à être assouvies, qu'il eût été téméraire de vouloir lutter contre cette coalition de mauvais sentiments.

Pendant près de quarante ans, Sidi Moustapha fut premier ministre de la Tunisie ; pendant près de trente ans, il a administré les finances de la Régence ; durant cette longue succession d'années, il fut, après le souverain, le personnage le plus important de l'Etat. Trois Beys se sont succédé, d'humeur bien différente, depuis qu'il a commencé à prendre part aux affaires ; et chacun d'eux a accordé à Sidi Moustapha, la même confiance, la même estime, nous dirions presque la même affection.

Toutefois, ce n'est pas que ce gouvernement soit sans contrôle ; ce n'est pas non plus qu'à chaque nouveau règne, selon l'usage, d'ardentes compétitions ne se soient dévoilées ; mais, que pouvait ce contrôle contre la régularité ? que pouvaient aussi ces ambitions comprimées, contre d'éclatants services, résultat d'une incontestable habileté ?

Pour qu'un homme soit resté si longtemps maître du pouvoir ; pour qu'il ait sû résister à toutes les intrigues et déjouer toutes les sourdes machinations ; pour qu'il ait pu conjurer tous les fléaux, peste, famine, typhus, choléra, sécheresse de six années, guerre civile épouvantable ; pour avoir sû neutraliser les aspirations rivales et contradictoires de la diplomatie étrangère, il faut reconnaître que cet homme n'est pas sans grande valeur personnelle, et que ce n'est pas sans une habileté consommée qu'il a pu résister à tous ces assauts, et conserver la Régence intacte et dans son indépendance relative.

C'est à ce labeur que Sidi Moustapha a consacré sa vie toute entière.

Il n'avait plus rien à demander ni aux honneurs, ni à la fortune, ni même au bonheur domestique ; tout cela, il le devait aux souverains qu'il avait servis avec tant de dévouement. Une seule chose lui manquait : le repos, repos bien mérité sans doute, et surtout bien nécessaire, après une vie si bien remplie.

La vieillesse a déjà commencé pour Sidi Moustapha; et, s'il n'est pas, parmi les hommes d'Etat, le doyen par l'âge, il l'est certainement par la durée des fonctions.

Ce repos lui a été accordé, ou plutôt, il lui a été infligé...... le repos, avec la ruine et le déshonneur !.....

C'est sa récompense finale !

Vers la fin de l'année 1873 (1270 de l'ère Musulmane) une audacieuse accusation de concussion fut dirigée contre Sidi Moustapha. On exigeait qu'il justifiât, immédiatement, de l'emploi de 80 millions qu'il aurait détournés au préjudice de l'Etat.

C'était plus qu'absurde, c'était ridicule! Une commission judiciaire *ad hoc* fut nommée ; une instruction devait s'en suivre, des débats s'engager, et une sentence en eût été la conclusion, avec l'apparence, au moins, de la légalité.

Mais, de tout cela... rien ! — On refusa toute communication à Sidi Mustapha; aucun grief précis ne lui fut révélé, l'assistance d'un conseil lui fut refusée, et il dût se résigner à payer une somme arbitrairement fixée. Toute sa fortune y passa, et les bijoux et les diamants de la famille aussi. Et, pour comble de cruauté, il est gardé à vue, dans son palais, dont il lui est défendu de franchir le seuil.

Dépouillé et déshonoré, jugé et condamné sans avoir été entendu, voilà ce qui fut infligé au Khasnadar, à Sidi Moustapha, ancien premier ministre de S. A. Essadok Bey, actuellement régnant sur la Tunisie.

S'il avait été permis à Sidi Moustapha de se faire entendre; s'il avait été autorisé à se faire assister d'un Conseil, nous avons la conviction que cette odieuse spoliation n'eût pas été ordonnée.

C'est là tâche que nous allons entreprendre, c'est le devoir que nous allons remplir.

On lui a refusé le public d'un prétoire pour sa justification, nous allons prendre, pour lui, le grand public pour auditeurs.

On avait nommé une commission spéciale pour le juger, nous devrions dire pour le condamner; nous allons prendre, pour juges, tous les hommes de raison et de bonne foi.

Avec la certitude de faire infirmer par l'opinion publique, l'injuste sentence qui a frappé le Khasnadar et tous les siens.

Cela importe à la justice.

Mais nous osons le dire aussi, cela importe à la Tunisie et à la gloire des souverains qui ont gouverné la Régence, et, plus particulièrement encore, à

. A. Sidi Essadock, puisque tous ont honoré le Khasnadar d'une confiance ins limites, et d'une affection toute paternelle. Il ne peut être dit, et il ne faut as non plus qu'on puisse dire, que, pendant quarante ans, les Souverains de 1 Tunisie ont été constamment et indignement trompés par celui qui leur evait tout, et que tout ce qu'il a reçu d'eux, honneurs, dignités, fortune, iens de toutes sortes, n'étaient que le résultat de la plus insigne fourberie, ou ; sceau de la plus rare incapacité dans LL. AA. Ahmet-Bey, Mohamed-Bey et ssadock-Bey.

La disgrâce du Khasnadar a eu trop de retentissement pour qu'elle ne soit as expliquée.

La gloire du règne de S. A. Mohamed Essadock-Bey y est attachée. Le Khas-adar est le plus ancien et le plus illustre des serviteurs de l'Etat. Pendant qua-orze ans, il a continué ses fonctions de premier ministre, sous le règne du glo-ieux prince qui possède la Tunisie. Pendant tout ce temps, il a eu la confiance bsolue de son souverain, comme il avait eu celle des deux Princes qui l'ont pré-édé; et l'on ne frappe pas, avec tant de cruauté, un si vieux serviteur, sans qu'il ait les plus puissantes raisons pour cela. Or, ce sont ces raisons, nous n'en outons pas, qui furent présentées à S. A. pour qu'Elle ait été si sévère envers e fidèle ministre.

C'est tout cet odieux échafaudage que nous voulons renverser. S. A. a été ndignement trompée; il faut que la vérité lui soit connue; il faut que l'inno-ence du Khasnadar lui soit démontrée, et que les indignes manœuvres dont l a été victime lui soient dévoilées.

Quand la vérité sera connue de S. A., nous serons pleins de confiance. e poids de cette sentence pèse toujours sur le cœur magnanime d'Essadock-ey, grâce à l'affection qu'il avait vouée au Khasnadar. Que son innocence ui soit prouvée, et nous avons la certitude qu'une réparation, aussi éclatante u'a été l'outrage, ne se fera pas longtemps attendre.

Heureux les Princes qui peuvent réparer l'erreur dans laquelle ils ont été longés!......

Heureuses les nations qui peuvent avoir toute confiance dans la justice de eurs Souverains!......

LA DISGRACE

DE

SIDI MOUSTAPHA KHASN· DAR

ANCIEN PREMIER MINISTRE

DE

LL. AA. AHMET, MOHAMED, ESSADOCK

BEYS DE TUNIS

CONSIDÉRÉE AU POINT DE VUE

DES

INTÉRÊTS EUROPÉENS

Le général Sidi Moustapha (khasnadar ou gardien du trésor), est entré aux affaires à l'avènement du Bey Ahmet, le 23 du mois de Moharem de l'an 1251 (1834 de l'ère chrétienne). Ahmet lui conféra le titre de premier Ministre, et le lui conserva jusqu'à sa mort (1854). Pendant vingt ans, Sidi Moustapha, fut ainsi associé au règne de ce Prince, qui l'initia aux principes du gouvernement.

Ahmet était un Prince magnifique. Les réformes qu'il se flattait d'introduire dans ses Etats, en tant qu'elles fussent compatibles avec le code politico-religieux des musulmans, l'entraînaient à des dépenses très lourdes, devant lesquelles il ne reculait pas. Dans un voyage qu'il fit à Paris, accompagné du khasnadar (novembre 1846), où il reçut la plus généreuse et la plus courtoise hospitalité, il se fit initier aux merveilles des arts et plus encore à celles de l'industrie. Il rentra dans son petit Etat, bien décidé à y favoriser toute amélioration que pouvaient permettre le sol, le climat, et l'aptitude mercantile de ses habitants ; c'est ainsi qu'il avait fondé des fabriques munies de machines à vapeur et dirigées par d'habiles ouvriers qu'à grand frais il fit venir de l'Europe. Il bâtissait des colléges, des bibliothèques, des établissements de bienfaisance, de vastes casernes, des palais somptueux ; il dotait les institutions utiles et répandait libéralement les secours, même à l'étranger, dans les temps de calamités publiques.

Son armée, qu'il aimait à faire manœuvrer, était certainement trop nombreuse ; et on lui reprochait souvent ce luxe européen, qu'il était inutile d'ajouter à son luxe oriental. Lorsqu'éclata la guerre entre la Russie et la Porte (1854) il envoya au secours du Sultan, un corps de troupes, que son successeur éleva jusqu'à dix mille hommes. Malgré ces dépenses, la plupart improductives, mais qui devaient ouvrir à la Régence une ère de prospérité que les événements ont arrêtée ; Ahmet-Bey, secondé par son intelligent ministre, laissa à Mohamed, un royaume parfaitement tranquille, florissant, et un trésor ou réserve de deux cents millions de piastres, soit environ cent trente millions de francs.

Ahmet appréciait à un si haut prix les services que lui rendait Sidi Moustapha, et il lui avait accordé une si sincère affection, qu'il lui donna pour épouse la plus jeune et la plus jolie de ses sœurs. Par cette alliance, Sidi Moustapha, était considéré, dorénavant, comme faisant partie de la famille Beylikale.

II

Pendant le règne d'Ahmet, celui qui devait lui succéder n'était encore que *Bey du Camp.*

On sait que le Bey du Camp, héritier présomptif, a pour privilége de parcourir la Régence deux fois par an, à la tête d'une expédition armée, afin de percevoir les tributs, en denrées ou en espèces. Celui qui remplissait cette charge était Mohamed, cousin d'Ahmet.

Sidi Moustapha avait pour ennemi déclaré Mohamed, parce qu'il était obligé de résister aux demandes incessantes d'argent du futur héritier de la Régence. Aussi Mohamed déclarait-il publiquement que *son premier soin, quand il monterait sur le trône, serait de faire étrangler Sidi Moustapha.*

III

Mohamed succéda à son cousin le 16 du mois de Ramadan de l'an 1271 (30 mai 1855). Qu'il ait eu, dès lors, l'intention de mettre à exécution les menaces proférées contre le khasnadar, c'est ce que nous n'oserions affirmer ; mais ce qui paraît certain, c'est que, s'il avait conservé ces intentions, il a voulu du moins les couvrir d'une apparence de légalité.

En effet, *son premier soin* fut de charger la Cour des Medjelès (Cour des comptes), de vérifier, avec la plus grande sévérité, la gestion financière du khasnadar, sous le règne précédent, et de lui rendre un compte exact de toutes les sommes perçues et de toutes celles payées pendant ce règne de vingt années.

La Cour des Medjelès se mit à l'œuvre, disposée à satisfaire les désirs du maître ; et, pendant un long espace de temps, elle se livra à la vérification la plus minutieuse de toutes les entrées et de toutes les sorties du trésor Tunisien, durant le règne d'Ahmet.

Le résultat de ce contrôle a été bien différent de celui qu'espéraient les ennemis du khasnadar, puisque la Cour déclara : *que Sidi Moustapha, ayant perçu plus de cinq cents millions pendant le règne d'Ahmet, pas un aspre ne manquait au trésor immense qu'Ahmet léguait à son successeur.*

Tout rigide qu'il était, Mohamed était parfait observateur des lois musulmanes. Devant une déclaration si positive, il n'hésita pas à rendre justice à la fidélité, à la bonne administration du khasnadar, et, par un acte formel et authentique, il déclara à son tour que : *Sidi Moustapha, sous le règne de Ahmet, avait administré les finances avec prudence, fidélité et sagesse.*

Mohamed était trop sage, à son tour, pour vouloir se priver du concours d'un ministre auquel il avait été obligé de rendre une si éclatante justice. Il oublia les griefs du Bey du Camp, maintint le khasnadar dans ses fonctions, lui accorda la confiance la plus entière, et lui décerna les plus grandes distinctions honorifiques du royaume.

Comme son prédécesseur, Mohamed avait le goût des réformes. Il dépensait avec plus de libéralité que de sagesse des sommes énormes en améliorations au moins prématurées. Ses constructions de luxe, le faste de sa Cour, n'étaient pas sans trop peser sur ses finances. — Pour y remédier, il favorisa le développement de l'agriculture, cette mère nourricière de tous les Etats. Tout en diminuant considérablement l'inutile armée qu'entretenait son cousin, il compléta un corps de dix mille hommes, très-bien équipés, dont les premières troupes avaient été envoyées par Ahmet, au secours du Sultan attaqué par la Russie (1854-1856). C'est lui qui élabora la constitution quasi-démocratique de 1861, sous les inspirations du Consul général de France, M. Léon Roches ; constitution dont il pouvait comprendre les bienfaits, lui, Mohamed, et son intelligent ministre, mais que ne pouvait apprécier un peuple dans l'enfance de la civilisation,

constitution qui contrariait d'ailleurs les vues secrètes de la diplomatie européenne, àcause de la prépondérance qu'elle devait donner à la France.

C'est aussi à Mohamed que revient l'honneur d'avoir fait rétablir les anciens
aqueducs de Carthage, tombés en ruines depuis plusieurs siècles; travaux immenses, d'une utilité sans égale, sous un tel climat, dans un pays privé d'eau et
que son successeur eut la sagesse de continuer, puisque la Tunisie en recueille
de si grands avantages.

Mohamed donna à Sidi Moustapha une marque éclatante de son affection en
lui accordant la décoration en diamants que portent, seuls, les membres de la
famille Beylikale, et les souverains d'Europe. Par cette décoration, dont jamais
aucun autre musulman n'a été honoré, Mohamed, après Ahmet, affirmait que,
désormais, Sidi Moustapha devait être considéré comme membre de la famille
souveraine du royaume de Tunis.

IV

Mohamed Essadock, actuellement régnant, succéda à son frère le 24 du mois
de Sfar, de l'an 1276 (21 septembre 1859). Il était alors Bey du Camp, et se
trouvait dans le Sahel.

Afin de conserver à ce Prince son héritage, Sidi Moustapha cacha pendant
plusieurs jours la mort de Mohamed, et, par d'intrépides cavaliers dont il était
sûr, il envoya prévenir S. A. Essadok, qui revint aussitôt à Tunis, prendre
paisiblement possession de ses Etats.

Bien qu'il eût été déjà à même d'apprécier le gouvernement du khasnadar,
toutefois Mohamed-Essadock ne crut pas devoir, à l'imitation de ses prédécesseurs, se dispenser de faire contrôler la gestion financière de Sidi Moustapha,
pendant le règne précédent. Ce contrôle eut lieu, en effet, de la manière la plus
rigoureuse, et le résultat en fut aussi honorable pour le khasnadar, que satis-
faisant pour S. A.

C'était donc la troisième fois que Sidi Moustapha était maintenu dans ses
difficiles et honorables fonctions, non pas capricieusement, comme le font souvent les souverains orientaux; mais après d'éminents services, justement appréciés, et surtout après constatation régulière d'une administration antérieure irré-
prochable.

Nous devons mentionner ici que, pendant tout le règne de Mohamed (30 mai
1855-21 septembre 1859), et, sous Mohamed-Essadock, depuis cette dernière
époque, jusqu'au 8 juin 1864, jour de la fuite du kaïd Nessim, Sidi Moustapha,

premier ministre et ministre des Finances, se bornait à signer les teskérès (bons du Trésor); et que c'était le kaïd Nessim Chemama, trésorier des finances et chef des receveurs, qui était chargé des paiements sur les recettes concentrées dans ses mains. L'ingérence du khasnadar, dans la gestion financière, était donc plutôt nominale qu'effective, puisque, depuis 1855, tout le service de la trésorerie avait été confié au kaïd Nessim, et que, depuis cette époque, le khasnadar, dont tous les comptes antérieurs avaient été apurés, se trouvait déchargé de toute responsabilité.

La gestion financière du khasnadar était donc terminée.

Pendant près de trente années, il avait eu à sa disposition toutes les ressources de la Régence : — Le contrôle qui a été fait, rigoureusement, à quatre époques différentes, avec le désir de le trouver coupable de détournements, a prouvé qu'il n'y avait aucune malversation à lui reprocher

Comment alors comprendre cette accusation posthume d'un détournement de quatre-vingt millions sous laquelle il a succombé ?

C'est ce que nous expliquerons bientôt.

Mais avant, et pour compléter l'historique de la question financière, nous rappellerons que le kaïd Nessim a quitté précipitamment Tunis le 4 du mois de Moharem de l'an 1281 (8 juin 1864) laissant un déficit qui ne s'élevait pas à moins de vingt-cinq millions; et qu'il eut pour successeur, devant des coffres vides, Mohamed-el-Aziz-Bouattour. Celui-ci quitta ses fonctions, le 12 octobre 1869, époque à laquelle la commission financière, instituée par le décret du 5 juillet 1869, prit en mains la perception des ressources financières de la Régence.

V

Bien que la question financière, en ce qui touche Sidi Moustapha, soit celle dont nous voulions nous occuper principalement, nous serions incomplet si nous n'ajoutions quelques mots sur les services politiques que Sidi Moustapha rendit à la Tunisie, sous les trois souverains qui l'ont honoré de leur confiance et de leur affection.

Aux fonctions de khasnadar, Sidi Moustapha joignait celles de ministre des Affaires Etrangères. Si nous ajoutons maintenant que S. A. le Bey de Tunis est le souverain le plus absolu et le mieux obéi qui soit au monde, on comprendra que les affaires intérieures ressortissaient également de son premier ministre, et que Sidi Moustapha réunissait ainsi l'administration de l'Etat, à l'intérieur, à la haute direction de ses relations avec les puissances étrangères.

C'était beaucoup pour un seul homme. Tout débarrassé que soit le gouvernement Tunisien de ce luxe de formalités des Etats européens, Sidi Moustapha sut y suffire.

Faire l'histoire politique de la Régence pendant les trois derniers règnes, et sous le ministère du khasnadar, ne saurait entrer dans notre cadre.

Cependant nous ne saurions omettre quelques mots sur la grande insurrection de 1864, qui bouleversa toute la Régence, et qui mit aussi en relief toute l'habileté du khasnadar, et les services immenses qu'il rendit à son souverain.

VI

Le règne de Mohamed, quoique plus court que celui d'Ahmet, avait été bien moins prospère.

Pendant ses cinq années, Mohamed avait trouvé moyen de dépenser le trésor laissé par son prédécesseur, et, à sa mort, on comptait même déjà un déficit de plusieurs millions.

Cette situation n'avait pourtant rien d'inquiétant. Une ou deux années de pluies fertilisantes, et ce déficit serait bientôt comblé.

Le nouveau Bey ne se crut pas autorisé, pour cela, à refuser à son peuple la constitution promise par Ahmet, et il la promulgua le 23 avril 1861.

Dès ce moment, la Tunisie devait entrer dans une ère nouvelle. De gouvernement absolu, le pouvoir du souverain devenait limité et contrôlé, des droits étaient reconnus à son peuple, et des garanties lui étaient données pour l'exercice de ces droits.

Au Bardo arrivaient, de toutes les cours de l'Europe, les plus vives félicitations à l'illustre Mohamed-Essadock de ce qu'il entrait dans les voies de la civilisation et du progrès.

Mais, le progrès coûte cher. Dans un pays immobilisé par les immuables principes du Coran, les usages ont une telle force qu'il ne suffit pas de décréter leur suppression, leur remplacement par d'autres institutions, pour que cette substitution s'accomplisse immédiatement.

Puis, Essadock-Bey, dans sa générosité et sa sagesse, et dans l'intention de rendre son peuple plus heureux, pouvait bien abandonner l'absolutisme de son

autorité; mais, il n'était pas en son pouvoir de faire, qu'immédiatement, les abu
et l'arbitraire cesseraient autour de lui.

Trop de chefs, quasi-indépendants et souverains dans leurs tribus, étaier
atteints dans ce qu'ils considéraient comme leurs droits, pour qu'on pût espére
qu'ils accepteraient bénévolement d'être ainsi frappés dans leurs priviléges.

Ces réformes comprenaient des institutions nouvelles dont les dépenses n
pouvaient être couvertes par les revenus ordinaires de la Tunisie. Puis, il
avait le déficit laissé par le règne précédent, et qui était entièrement exigible.

A cette époque, tous les Etats étrangers, et même ceux d'une importance bie
secondaire, trouvaient facilement à emprunter, et, le grand marché des capi
taux, c'était Paris. Des offres d'argent furent faites au gouvernement Tunisien
qui les accepta, et un premier emprunt fut contracté en 1863, avec la maiso
Erlanger, de Paris.

Pour assurer le service des intérêts et de l'amortissement de cet emprun
le Bey avait donné l'impôt de capitation en garantie. Mais, comme le produit ne
de cet emprunt, après le prélèvement de toutes les commissions et frais prévu
ou imprévus, avait été loin de fournir au trésor Tunisien la somme sur laquell
il comptait, il se trouva dans la nécessité de doubler l'impôt de capitation don
moitié revenait aux prêteurs, afin de ne causer aucune diminution dans le
recettes ordinaires du budget.

Ce fut le prétexte, plutôt que la cause, d'un soulèvement général, préparé déj
depuis longtemps.

L'insurrection commença le 15 avril 1864 par l'assassinat du général Si
Farhat, envoyé au Kef pour percevoir les nouveaux impôts fixés par le Consei
suprême de la Régence. Elle s'étendit bientôt dans presque toutes les tribus.

Dès que la nouvelle en parvint à Tunis, le Bey réunit en grand Conseil le
princes, les ministres, les généraux et tous les dignitaires de l'Etat. Presque tou
inclinaient pour une répression sévère.

Les insurgés, que dirigeaient des intrigues européennes, demandaient l'aboli-
tion de la Constitution, le maintien des anciens impôts, c'est-à-dire qu'ils résis-
taient aux nouvelles taxes, et le renvoi du khasnadar, auteur de tous ces maux
C'était toute l'influence française à détruire.

L'Europe s'émut à son tour. Le 26 avril les escadres anglaise et italienne
vinrent jeter l'ancre en rade de Tunis; le 28, arriva l'escadre française; dès le
lendemain, M. de Beauval, consul général de cette nation, rendit visite à S. A
et, sous les mauvaises inspirations d'un officier général français, alors au service du Bey, il exigea le renvoi du khasnadar.

Instruits de cette démarche, les consuls se réunissent en corps, et ils vont, le 2 mai, avec les attachés à leurs consulats et les notables de leurs nations, protester contre la demande du consul de France.

Sidi Moustapha offre néanmoins au Bey de se retirer, pour ne pas être un obstacle à la pacification de ses Etats, et d'abandonner tout ce qu'il possède.

L'officier général dont nous avons parlé, insiste pour que cette démission soit acceptée, et en termes tellement injurieux que, ce qu'on appelle la franchise soldatesque, ne saurait les excuser. C'est alors que S. A., indignée d'un tel langage, s'écria : « Jusqu'à présent, il n'y a que moi qui commande ici, et je « ne dois pas admettre qu'en ma présence, on traite ainsi celui qui a eu et qui « possède encore toute ma confiance. A cause des paroles mêmes que je viens « d'entendre, je déclare que, tant que j'aurai une goutte de sang dans les veines, « mon ministre restera près de moi » (2 mai 1864).

Echec pour la politique française; grand émoi dans la ville. M. de Beauval se croit menacé; il fait armer les Beni-Mzab (Algériens), pour le garder la nuit, et sollicite l'autorisation de faire débarquer des marins français à la Goulette. Le Bey s'y refuse sagement, car les escadres italienne et anglaise n'eussent pas manqué d'en faire autant. C'eût été l'occupation de la Régence par des soldats étrangers, conflit redoutable qu'il fallait conjurer, alors que la flotte turque venait aussi d'arriver (12 mai) portant un ambassadeur de la Sublime-Porte. M. de Beauval se rassura donc, et tout rentra bientôt dans ce calme plein de défiance de la vie orientale.

Malgré toutes ces intrigues pour le renverser et fort de l'éclatant témoignage de son souverain, le khasnadar déploya la plus grande activité pour mettre fin à cette rébellion. Il envoya d'habiles émissaires aux chefs des tribus révoltées, et bientôt la tranquillité se rétablit partout.

La constitution fut abolie, et on en revint aux anciens usages. L'impôt du 1|4 sur les marchés fut supprimé; — celui de capitation fut réduit à vingt piastres (13 fr.) dans les campagnes et à dix dans les villes, et celui sur les terres, réduit à vingt-cinq piastres au lieu de cinquante.

Le 12 août, le Bey adressait aux consuls une circulaire pour leur annoncer que l'insurrection avait cessé, et, à la fin de septembre, les quatre escadres quittaient le golfe de Tunis.

Cette insurrection avait duré cinq mois, et c'est par la seule persuasion et de sages concessions, que le khasnadar sut l'éteindre, *sans qu'un seul coup de fusil eut été tiré !*

Mais, cette révolte n'était qu'un épisode de celle qui avait été si habilement préparée.

Les conjurés voulaient non-seulement détruire l'influence de la France, en renversant le khasnadar, mais encore replacer la Régence sous la dépendance absolue de la Turquie.

Le premier but étant manqué, il fallait atteindre le second.

Les projets du général Khérédine s'annonçaient déjà dès cette époque.

Peu de temps avant, on avait remarqué que le consul général d'Angleterre avait fait une tournée sur toute la côte Est de la Régence.

Presque aussitôt, on vit toutes les tribus de cette région se révolter et appeler à elles tous les mécontents, les soldats congédiés, les détrousseurs de route, etc.

Rassemblés au nombre de douze mille hommes, ils tentèrent de s'emparer de Sfax, pour y arborer le drapeau turc.—Mais le khasnadar, bienveillant et conciliant avec ceux qu'il croyait pouvoir ramener et qu'il avait ramenés en effet, comprit, qu'à l'égard de ce ramassis, il y avait un effort vigoureux à faire. — Il forma donc une armée bien équipée et habilement commandée; et, dans une seule journée (7 octobre 1864), toute cette horde fut battue, dispersée et rigoureusement traitée, jusque dans ses tribus. Un désarmement général eut lieu ; de fortes contributions de guerre furent imposées; chevaux, mulets, chameaux, troupeaux, etc., furent saisis, et les chefs eux-mêmes obligés de venir à Tunis pour être jugés, ou solliciter leur pardon.

Chaque jour, défilaient au Bardo de longs convois de ces tributs imposés aux vaincus ; et on remarqua, non sans stupéfaction, que, dans un défilé de voitures chargées d'armes et de munitions, on avait compté cinquante-quatre voitures pleines de poudre de fabrication anglaise. — Ce fait accrédita le bruit, qui se répandait déjà, que cette dernière rébellion était due à la perfidie des Turcs et à l'or anglais.

Quoi qu'il en soit, la grande insurrection de 1864 était terminée : par la douceur avec ceux qui pouvaient l'entendre; par la rigueur avec ceux qui ne devaient sentir que ce moyen d'action. — Le khasnadar obtint grâce de la vie pour dix neuf de ceux des chefs qui s'étaient armés pour le renverser.

Parmi les chefs se trouvaient Sidi-Heussein, actuellement ministre de l'agriculture, et Sidi-Rostem, ministre de la guerre, tous deux gendres du premier ministre Khérédine, comme lui, ennemis de la France, et fanatiques partisans de la Turquie, qui ne sauvèrent leur vie qu'en fuyant en Europe. Pendant que ces deux généraux soutenaient, les armes à la main, la haine de leur beau-père

contre le khasnadar, et la France, le général Khérédine jouait un double jeu :
en encourageant M. de Beauval dans ses exigences, et en poussant le khasnadar à la plus intraitable résistance.

Cette guerre mit en relief la politique des Puissances qui avaient envoyé leurs
escadres pour assister aux évènements, sauf à agir s'il y avait nécessité.

L'Italie, devenant grande puissance, et qui en avait toutes les aspirations,
était entraînée à déborder sur la côte Africaine, comme autrefois, Rome sur
Carthage.

L'Angleterre, plus discrète et plus habile, agissait à Constantinople, poussait
aux dernières rigueurs, comme autrefois en Syrie, pressait le Sultan pour qu'il
revendiquât des droits de suzeraineté depuis longtemps méconnus, et cherchait
ainsi à détruire l'influence prépondérante de la France qu'on accusait de ces
désastres par cette fatale constitution.

La France, toujours maladroite, tenait une conduite insensée. Son consul
général, qui avait pleins pouvoirs du ministre des affaires étrangères, excitait
les insurgés, qui exigeaient le retrait de la constitution, c'est-à-dire la destruction
de l'œuvre de la France ; et le renversement du khasnadar, l'homme qui lui
était le plus sympathique ; tandis que le ministre de la guerre, mieux informé,
plus habile, et en opposition formelle avec son collègue, massait des troupes
sur la frontière, avec ordre de marcher sur Tunis, pour protéger le Bey et
son gouvernement, si les rebelles s'approchaient trop près de la ville.

Le khasnadar tenait tête à l'orage partout.

Il combattit et vainquit l'insurrection. Il résista aux intrigues ou aux menaces
de la Porte, de l'Angleterre, de la France et de l'Italie. Il sut empêcher l'occupation de son pays par des troupes étrangères, conserver l'intégrité de son territoire, et maintenir intactes l'autorité et l'indépendance de son souverain.

Or, si Mohamed-Essadock fut obligé de retirer la constitution qu'il avait
donnée, et de rétablir les choses dans le *statu quo ante insurrectionem*, en ajour-
nant les améliorations qu'il avait projetées ; et s'il est juste de reconnaître
qu'il a au moins tout le mérite du bienfait accordé ; il est juste aussi de reconnaître que Sidi Moustapha a le mérite d'avoir sauvé la Régence et S. A. des
plus grands dangers qu'ils aient jamais courus.

Est-il besoin d'ajouter qu'à la suite de cette fatale insurrection, le trésor se
trouva complétement vide ; que des dettes avaient été contractées pour les plus
impérieux besoins de l'Etat ?

Un second emprunt devint donc nécessaire ; ce fut celui contracté en 1865,
à peu près pour même chiffre et aux mêmes conditions que celui de 1863.

Nous aurons à parler de ces emprunts à propos des opérations de la Commission financière.

VII

Le fléau de la guerre civile ne fut pas le seul qui affligea le royaume de Tunis pendant l'administration de Sidi Moustapha. Toutes les calamités semblent s'être concertées pour fondre sur ce pays, comme pour défier son inépuisable fécondité.

Les conséquences de la guerre civile ont été que les récoltes ne purent se faire ou qu'elles furent gaspillées, et que les ensemencements ne se sont pas faits.

1865 est une année de sécheresse et d'une insuflisance de produits qui vient augmenter le déficit de l'année précédente.

1866, encore la sécheresse; les sauterelles s'abattent sur tout ce qui est verdure, et les animaux commencent à mourir de faim.

1867, toujours la sécheresse. Le choléra décime les hommes, une épizootie enlève les troupeaux, et l'horrible famine, causée par tant d'années stériles, étend partout ses ravages.

1868, sécheresse, famine et typhus qui moissonnent jusqu'à un tiers de la population dans un grand nombre de tribus.

1869, dernière année de sécheresse et des fléaux de Dieu.

Depuis 1870, les pluies n'ont pas cessé d'être sullisamment abondantes; les troupeaux se sont reformés et l'Arabe s'est remis courageusement au travail. Si les calamités passées n'ont pu être oubliées, au moins elles ont été en grande partie réparées par ce sol qui demande si peu pour tant produire.

Pendant ces années de dures épreuves, nous aimons à déclarer que la population riche ne manqua pas à son devoir de secours envers les malheureux. Mais la tâche la plus lourde fut incontestablement celle qui incomba au gouvernement, et nul n'a contesté que le premier ministre n'eut dignement répondu aux devoirs de ses fonctions.

VIII

Nous devons dire un mot aussi des principales améliorations introduites en Tunisie, sous l'administration éclairée du khasnadar.

La plus importante de toutes, est, sans contredit, la restauration des anciens aqueducs de Carthage, de fondation romaine, mais, abandonnés depuis plus de cinq cents ans, qui vont chercher, à travers montagnes et vallées, à cent trente kilomètres, des flots d'eau fraîche et saine, pour en inonder Tunis, le Bardo, la Goulette, et toutes les propriétés princières de ces environs. C'est la propreté, c'est la salubrité, c'est la vie, répandues partout. Tous les établissements publics, civils, militaires ou religieux en sont abondamment pourvus, et la municipalité de Tunis elle-même, malgré de nombreuses fontaines publiques, en retire un revenu important. L'assainissement de la ville et le bien-être de cette population de plus de cent mille habitants, entassés dans des ruelles tortueuses et étroites, sont encore des bienfaits de cette immense entreprise. C'est à un ingénieur français, que revient l'honneur de cet important travail, qui a complétement réussi, malgré d'insurmontables difficultés.

C'est encore à Sidi Moustapha qu'il faut attribuer l'introduction de la vapeur et des chemins de fer dans ce pays si rebelle à tout progrès. La voie ferrée qui, de Tunis, va d'un côté au Bardo, et de l'autre à la Goulette et à la Marsha, est une concession accordée par S. A. sous l'administration du khasnadar.

L'installation d'une usine pour l'éclairage au gaz, et la télégraphie électrique concédée à l'administration française, sont encore des actes du gouvernement dirigé par Sidi Moustapha. Ainsi l'eau, la vapeur, le gaz, l'électricité, ces puissants agents de tout progrès, ces éléments de la richesse publique, sont dûs à l'intelligente initiative de Sidi Moustapha, toujours si bien accueilli par S. A. le Bey, toutes les fois qu'il s'agissait d'améliorations possibles.

Il y a là comme une sorte de protestation visible et tangible contre le fanatisme et la routine, qui ont entravé le Souverain et son Ministre dans les améliorations qu'ils avaient projetées, et qu'ils ont été forcés d'abandonner.

IX

Nous terminerons cet abrégé historique de la Régence de Tunis, et de la participation de Sidi Moustapha, aux affaires de l'État, pendant ces quarante dernières années, en disant quelques mots de la Commission financière instituée par le décret du 5 juillet 1869.

Après s'être déchargé, avec l'autorisation de son Souverain, du fardeau de l'administration financière et de la responsabilité qui s'y trouvait attachée, Sidi Moustapha se consacra plus entièrement aux affaires intérieures et extérieures.

Pour l'aider dans les multiples occupations de cette double charge du royaume, il fit élever le général Khérédine aux fonctions de Ministre dirigeant. Sidi Moustapha restait toujours premier ministre, et comme le grand régulateur de toutes choses ; mais, dès ce moment aussi, il laissa prendre au général Khérédine, dans la direction des affaires, une importance que celui-ci n'avait jamais eue. C'est à la protection constante que Sidi Moustapha lui accorda, c'est à l'affection qu'il eut pour lui, puisqu'il en fit son gendre, que le général Khérédine doit, et son immense fortune, et tous les honneurs dont il a été comblé.

Aussi, lorsque la Commission financière fut organisée, le général Khérédine en fut-il nommé président.

M. Villet, sous-directeur au ministère des finances de France, fut nommé inspecteur général des finances, et mis par l'empereur à la disposition du Bey, qui le nomma vice-président de cette Commission.

Au général Khérédine comme à M. Villet, incombe donc toute la responsabilité des agissements de la Commission, comme il est juste, par compensation, de leur attribuer tout le mérite du bien qu'elle a pu faire.

Ceci nous dispense, au point de vue de Sidi Moustapha d'entrer dans le détail des travaux de cette Commission. Mais, il est juste de reconnaître que c'est à Sidi Moustapha que revient l'honneur de cette création qu'il a tant appuyée, et qui, dans son esprit, devait régulariser le passé, donner satisfaction au présent et donner toute sécurité pour l'avenir.

Cette Commission avait pour objet, comme on sait :

1° De dresser le bilan de la dette Tunisienne ;

2° D'organiser et de contrôler la perception des revenus ;

3° De répartir équitablement les revenus concédés, en faveur des porteurs de titres des emprunts, et de tous les créanciers, conversionnistes ou autres.

Deux comités étaient institués : le comité exécutif, représentant plus particulièrement les intérêts du Gouvernement Tunisien, et le comité de contrôle, chargé de veiller aux intérêts des créanciers.

Ces deux comités devaient fonctionner séparément, nous dirions presque contradictoirement. Mais, en fait, ils délibérèrent ensemble ; et, son organisation intérieure fut telle, que la majorité était toujours assurée à l'exécutif, indépendamment de la prépondérance personnelle du Président et de celle du Vice-Président.

Dans l'état de détresse et même de désorganisation où se trouvait la régence à la suite des événements et des calamités climatériques que nous avons énoncés, on comprendra facilement que toute question était une question d'argent ;

et que ceux qui étaient chargés d'y apporter une solution, avaient une telle supériorité, qu'il eût été impossible de la leur contester. En fait, l'administration de l'Etat fut donc subordonnée au consentement, en toutes choses, de la Commission financière, représentée absolument et exclusivement, par M. Villet et le général Khérédine.

Nous n'avons pas à apprécier ici les actes de la Commission financière. La conversion de la dette a fourni à quelques-uns l'occasion de faire d'immenses fortunes ; pour d'autres, ce fut la ruine; pour presque tous, une perte proportionnelle aux capitaux engagés.

Assez de plaintes ont été adressées aux Consuls et aux gouvernements des trois Puissances intéressées, la France, l'Angleterre et l'Italie, pour que nous n'ayons pas besoin de critiquer, à notre tour, et les principes qui ont présidé à cette conversion, et la partialité avec laquelle les créanciers ont été traités.

Mais, ce que nous pouvons dire, ou plutôt ce que nous pouvons rappeler, parce que cette opinion s'est manifestée de toutes parts, c'est qu'il ne nous semble pas que M. Villet, et que le général Khérédine surtout, se soient suffisamment préoccupés de conserver intact le crédit de l'Etat, qu'ils ont considéré comme étant en faillite, et l'honneur du Souverain de la Tunisie.

Pour le khasnadar, il s'est efforcé de faciliter le travail de la Commission : il n'a jamais opposé son *veto* à aucune de ses décisions; et, en comblant M. Villet de distinctions et de cadeaux, en l'installant si magnifiquement à Tunis, il a voulu témoigner à la France et à son représentant financier, la haute estime dans laquelle il les avait placés.

IX

Le mandat de la Commission financière était rempli.

La liquidation des dettes et l'unification des titres avaient eu lieu.

Il n'y avait plus, désormais, qu'à percevoir les revenus concédés, et à en faire la distribution aux porteurs des titres.

L'objet principal de la mission de M. Villet était donc terminé.

Son retour en France était décidé et on le disait même assez prochain. Il quitta en effet Tunis avec son collaborateur Vallat, à huit jours d'intervalle.

Mais le général Khérédine restait toujours président d'une commission instituée en faveur des créanciers, et, par une contradiction qui semble assez difficile à justifier, il conservait ses fonctions de ministre dirigeant, c'est-à-dire chargé des intérêts du Bey, opposés, naturellement, à ceux de ses créanciers.

D'un autre côté, M. de Botmilliau qui, pendant cinq ans, avait occupé le poste de consul général de France, venait d'être remplacé par M. Vallat (se qualifiant à tort *Vicomte de*), la suffisance et l'insuffisance, avec le titre de Chargé d'Affaires en mission.

Quelle était cette mission ?

Ce n'est un mystère pour personne !

Dans maintes circonstances, M. Vallat avait annoncé que sa mission était exclusivement politique; qu'il était venu pour renverser le khasnadar, et que, cette mission terminée, il n'avait plus qu'à rentrer en France; qu'il n'avait nullement à s'occuper des affaires des Français, qui restaient réservées au consul devant le remplacer.

M. Vallat arrivait donc pour seconder les projets de M. Villet contre Sidi Moustapha.

Aussi, n'est-ce qu'après l'arrivée de M. Vallat (3 septembre 1873), que M. Villet et le général Khérédine élevèrent la prétention de faire restituer par Sidi Moustapha quatre-vingt millions de francs, pour détournements qu'il aurait commis au préjudice de l'Etat.

Mais, tout puissants qu'étaient le général Khérédine et M. Villet, il leur était impossible de faire acte de souverains à l'égard d'un personnage aussi considérable que le khasnadar; donc, pour faire appuyer cette demande en restitution, par toute l'autorité du gouvernement, il fut représenté à S. A., qu'à l'aide de cette somme, il serait facile de rembourser toutes les dettes de l'Etat, par le rachat des obligations, qui étaient de beaucoup au-dessous du pair, puisqu'elles perdaient plus de quarante pour cent, et qu'ainsi S. A. rentrerait dans la pleine et libre disposition de tous ses revenus.

C'était fort tentant et cette habile perfidie réussit.

S. A., indignement trompé par les affirmations de ces deux conjurés, obsédé par son puissant entourage, et ne pouvant, d'ailleurs, contrôler l'ingénieux échafaudage financier dressé contre son premier ministre, se laissa éblouir par ce mirage; et c'est ainsi que la demande en restitution fut faite au nom et avec l'appui du gouvernement, et que M. Vallat ne craignit pas de la faire lui-même à Sidi Moustapha.

X

Mais, ces deux ennemis de Sidi Moustapha comprirent que l'accusation formulée contre lui était bien vague, sans preuve aucune, et qu'il y avait nécessité de la justifier par quelque chose de plus précis.

Alors on fit revivre l'affaire des deux mille obligations Tunisiennes, dont nous allons nous occuper, puisque c'est le seul détournement précisé qui ait été reproché au khasnadar, et que c'est ce détournement qui aurait autorisé la demande en restitution *in globo*, de quatre-vingt millions réduits à vingt.

Dans un article *officiel* reproduit par le *Sémaphore* de Marseille du 3 janvier 1874, organe reconnu du général Khérédine, et par l'*Italie* du 11 décembre 1873, il est dit en substance :

Que la commission financière, lors de son installation, (fin 1869), trouva dans les archives une note contenant les numéros de 2,000 obligations de l'emprunt de 1863, qui auraient été achetées pour le compte du gouvernement; mais que, malgré de minutieuses recherches, ces obligations ne s'étaient pas retrouvées.

« Mais, quelque temps après, dit l'article *officiel*, une circonstance fortuite a
« fait découvrir, dans une partie de sept mille obligations, engagées chez un
« capitaliste de Paris, pour compte de l'ex-premier ministre Sidi Moustapha
« lui-même, une série de 2,000 obligations du même emprunt 1863, portant
« identiquement les mêmes numéros d'ordre que les obligations égarées. Cepen
« dant, l'ex-ministre continuait de nier toute connaissance de ces malheureuses
« obligations, de soutenir que le gouvernement ne les avait pas reçues, et d'af
« firmer que celles qui étaient engagées étaient sa propriété exclusive, tellement
« qu'un jour qu'on discutait la question, en présence de S. A. notre souverain
« que Dieu le protége ! l'ex-ministre, au lieu de donner les éclaircissements
« qu'il devait à son maître, s'emporta et jeta les hauts cris, en disant que ses
« ennemis intriguaient contre lui pour le perdre, mais qu'il s'en vengerait, qu'il
« les ferait bâtonner, qu'il enverrait un cartel au *roumi* (allusion à l'inspecteur
« des finances, M. Villet) et autres menaces de cette sorte. »

Le même article ajoute, qu'après cette scène, qui fut entendue par un grand nombre de personnes « l'ex-ministre se retira sous prétexte d'aller examiner « l'affaire; que le lendemain il envoya à S. A. une déclaration signée de sa « propre main, par laquelle il reconnaissait le gouvernement pour les 2,000

« obligations, et qu'il consentait en outre, pour le temps qu'il les avait gardées,
« 18 0/0 d'intérêt. »

Puis, viennent un blâme sur la politique tortueuse de l'ex-ministre, qui eut
pour mobile ses seuls intérêts personnels, et créa tant d'embarras au gouvernement; le consentement de l'ex-ministre à donner sa démission, à la condition
que S. A. lui donnerait, en échange, une quittance générale pour toute sa gestion financière, et que, par un décret, il lui garantirait la vie et la liberté et celles
des membres de sa famille, offre de démission et demandes qui auraient été
renouvelées officiellement quelques heures après, à S. A., par l'un des agents des
Puissances étrangères ; et enfin refus de S. A. qui affirmait que la vie de l'ex-
ministre et celle des siens n'étaient nullement menacées, et qu'il ne pouvait lu
donner quittance avant le règlement de ses comptes.

Et, comme conclusion de tout cela, la disgrâce justifiée et nécessaire de
Sidi Moustapha et son remplacement par son gendre S. E. le général Khérédine
l'homme de l'avenir.

Voilà bien, dans toute son exactitude, la seule accusation qui ait été formulée contre Sidi Moustapha, et la seule justification que le nouveau
ministre ait cru devoir donner des mesures rigoureuses prises contre lui. C'est
précis, c'est habilement présenté, et la réfutation n'ayant pu en être faite par
Sidi Moustapha, prisonnier chez lui, et sévèrement surveillé, nous n'hésitons
pas à reconnaître que l'influence de ces assertions a dû être considérable sur
l'opinion publique.

Voyons ce qu'il y a de vrai dans tout cela.

Commençons par constater que Sidi Moustapha n'a jamais varié dans ses
déclarations; qu'il a toujours affirmé qu'il n'avait pas connaissance de cet achat
prétendu des 2,000 obligations; que si elles avaient été réellement achetées,
c'était à ceux qui avaient participé à cette opération à en rendre compte, et
que les 2,000 titres dont les numéros avaient été indiqués par cette mystérieuse
note découverte dans les archives, étaient bien sa propriété.

Sidi Moustapha était en effet propriétaire de sept mille obligations Tunisiennes, emprunt de 1863, déposées dans la maison Erlanger, de Paris. Il en
avait tous les numéros.

Sa famille se trouvant un jour réunie dans son palais de Carthage, le général
Khérédine lui demanda s'il avait conservé les 7,000 obligations qu'il avait con-
fiées à MM. Erlanger. Sur la réponse affirmative de Sidi Moustapha, le général

Khérédine qui connaissait toutes les affaires personnelles de son beau-père, et qui, dans une certaine mesure, en avait la direction, vérifia le bordereau, et prit note de tous les numéros.

Il conserva cette note sans qu'on y fit attention.

Or, disons-le de suite; les numéros des 2,000 obligations dont il s'agit, faisaient partie de cette série de 7,000.

Ceci se passait bien avant qu'il ne fut question de la commission financière.

Lors de son installation, elle trouva une note, sans caractère officiel, dont on n'a pu trouver l'auteur, et qui tendait à prouver que 2,000 obligations, emprunt de 1863, avaient été achetées pour le compte du gouvernement!

On cherche; mais, d'obligations, point. Qu'étaient-elles devenues ?

On le demanda au khasnadar. On connaît sa réponse; elle fut acceptée pour la vérité.

Or, depuis fin 1869, et durant quatre années, il n'en fut plus jamais question : pas un mot !

Cependant la mission de M. Villet était terminée; il devait rentrer en France.

D'un autre côté, l'ardente ambition du général Khérédine perdait patience, et il ne fallait pas que son bon ami Villet quittât la Tunisie, sans qu'il lui donnât son concours pour renverser le khasnadar, afin de prendre sa place.

On imagina alors de ressusciter l'affaire des deux mille obligations.

MM. Khérédine et Villet, très secrètement, représentèrent donc au Bey, qu'après mille recherches restées infructueuses, le hasard avait fait découvrir que les 2,000 titres soustraits au préjudice de S. A. avaient été retrouvés, numéro pour numéro, dans une quantité de 7,000 obligations déposées par Sidi Moustapha chez un banquier de Paris ; et qu'ainsi c'était à Sidi Moustapha qu'il fallait imputer ce vol des 2,000 obligations.

Toutes les apparences étaient évidemment contre Sidi Moustapha. La confiance du Bey en fut grandement ébranlée, et, mandé par son souverain, que bien d'autres intrigues avait déjà circonvenu, il fut reçu avec prévention. On le pressa de se justifier. Au lieu de cela, il s'indigna et menaça les intrigants qui conjuraient sa perte par le déshonneur.

Il avait repoussé avec hauteur cette imputation des 2,000 obligations détournées; il n'avait pas compris la portée de cette intrigue, et le souvenir des numéros pris soigneusement par Khérédine à Carthage, ne lui était pas revenu à la mémoire. C'est son fils aîné qui le lui a rappelé plus tard.

Cette entrevue fut tout au désavantage du khasnadar.

Il s'était fâché ; donc il avait tort. Et enfin, il s'était retiré sans s'être justifié.

Ceux qui étaient restés, et le général Khérédine était de ceux là, n'eurent pas de peine à convaincre S. A. que, décidément, Sidi Moustapha était un ministre prévaricateur.

C'était déjà un grand résultat ; mais il fallait achever l'œuvre si bien commencée.

Le général Khérédine ne quittait pas d'un instant son beau-père. Il lui protestait de sa plus grande affection, de son plus entier dévouement, et, à cause de cela, n'oubliait pas de lui représenter, sans les amoindrir, les graves dangers dont il était menacé. S'il est une qualité que jamais personne n'ait refusée à Sidi Moustapha, c'est son affection pour les siens et l'abandon qu'il a toujours eu avec eux.

Il crut donc aux sentiments exprimés si chaleureusement par son gendre qui lui conseilla alors, pour faire taire toutes ces plaintes, pour réduire ses ennemis à l'impuissance, en les désarmant, et pour échapper au coup qui devait le frapper, pour obtenir enfin l'indulgence de S. A. qui ne pouvait d'ailleurs oublier bien des services rendus, de faire le sacrifice de ces 2,000 obligations, et d'écrire à S. A. qu'il les lui restituerait avec intérêts.

Sidi Moustapha eut l'impardonnable faiblesse de céder à ces perfides conseils et il écrivit la lettre que l'on connaît.

Il n'en fallait pas davantage. A *vingt-quatre heures d'intervalle*, comme le dit hypocritement l'article officiel, que nous avons analysé, le khasnadar avait protesté de son innocence et s'était déclaré coupable. L'accusation de Khérédine et de Villet était justifiée ; il n'y avait pas à les traiter de calomniateurs.

Le succès était complet.

Mais ici les questions se pressent en foule.

Quelle est donc la main mystérieuse qui a déposé cette note dans les archives ? Comment se fait-il qu'on n'ait jamais pu le savoir ? Comment, après sa découverte, est-on resté quatre ans sans s'en occuper ? A cette époque, c'était le Caïd Nessim qui payait tout ; comment se fait-il qu'on n'ait pas trouvé la sortie du prix de ces obligations dans ses comptes? Quelles traces y a-t-il dans les écritures du Trésor, de cet achat des 2,000 obligations? Aucune.

Quel usage le général Khérédine a-t-il fait de la note qu'il avait prise des numéros des 7,000 obligations? Comment, sur cette note, a-t-on pu détacher 2,000 numéros, alors que, seul, il la possédait? Puisque, bien antérieurement, par la vérification qu'il avait faite lui-même, il était certain que ces 2,000 obligations faisaient partie des 7,000 de son beau-père, et qu'elles étaient bien sa propriété, pourquoi n'est-il pas intervenu pour dire ce qui était vrai, apporter son témoignage et dégager son beau-père de cette odieuse accusation?

Le général Khérédine oserait-il jurer, non pas sur son honneur, mais la main sur le Coran, qu'il n'a pas compté ces 2,000 obligations parmi les 7,000?

N'a-t-il pas trompé également M. Villet, au moins par son silence; et celui-ci, en devenant complice de cette insigne fourberie, n'a-t-il pas été dupe aussi à son tour?

Faut-il rappeler à la mémoire du général Khérédine qu'en 1858, lors de son voyage à Paris, il détermina sa belle-mère, la princesse Lila Kalthoum, à lui confier, pour les vendre, la plus grande partie des bijoux et des diamants que lui avait donnés son frère Ahmet-Bey, d'une valeur de plus de trois millions, afin de ne pas laisser une si grosse somme improductive; qu'il en employa le prix, a-t-il dit, en actions d'un grand chemin de fer, qu'il revendait plus tard, pour les convertir en obligations Tunisiennes? Il y avait donc des obligations Tunisiennes dans la famille? Et si le prix de ces bijoux et diamants n'est pas représenté par les obligations déposées chez MM. Erlanger, — quel emploi en a-t-il fait, car il n'en a jamais rendu compte?

Comment a-t-il pu venir à la pensée du général Khérédine de conseiller à son beau-père d'écrire ce fatal aveu du détournement des 2,000 obligations? Ne savait-il pas que c'était faux, et oubliait-il qu'il n'avait qu'un mot à dire pour rétablir la vérité et prouver l'innocence de son bienfaiteur?

Faut-il admettre qu'il n'en avait pas prévu toutes les conséquences? Soit! Mais quand ces désastreuses et iniques conséquences se sont produites, comment n'a-t-il pas parlé?

Pourquoi a-t-il gardé ce silence perfide et accusateur?

A toutes ces questions nous ne ferons aucune réponse.

Nous laissons à chacun la liberté de le faire. Mais nous ne craignons pas de dire que, même dans la conscience la moins délicate, nous trouverions une épithète des plus sévères.

Quant au général Khérédine, il a pris soin d'expliquer et de justifier à l'avance sa conduite dans l'article *officiel* que nous avons déjà analysé, reproduit par l'*Italie* du 11 décembre 1873, et par le *Sémaphore* du 3 janvier 1874, et que nous reproduisons aux *Annexes*, car nous ne craignons pas de mettre sous les yeux de nos lecteurs toutes les pièces de ce débat.

XI

Donc, le 21 octobre 1873, Sidi Moustapha tombait en disgrâce complète; il était destitué de toutes ses fonctions, privé de toutes ses dignités, et mis en état d'arrestation dans son palais, à Tunis, sous l'inculpation *d'avoir détourné quatre vingt millions de francs au préjudice de l'État* (1).

Celui qui le remplaçait était le Président de la commission financière, le général Khérédine, son gendre.

Quatre-vingt millions ! c'était beaucoup d'argent pour un petit État dont les revenus varient de vingt à vingt-cinq millions dans les bonnes années, et dont la détresse, par une suite d'années calamiteuses, avait laissé un déficit assez considérable.

Mais qu'importait aux accusateurs !

Une haute Cour est constituée, présidée par le frère du Bey, et composée d'Ulémas, (prêtres musulmans), et de personnages notoirement connus pour être les ennemis personnels du khasnadar.

Quelques jours après son arrestation, Sidi Moustapha recevait l'ordre de comparaître devant ce tribunal. Il y consentit ; mais il demanda qu'on lui communiquât, auparavant, l'acte d'accusation s'il y en avait un, ou au moins qu'on lui donnât connaissance des griefs qu'on élevait contre lui, et du compte dont

---

(1) Bien qu'un ministère soit une sorte d'indivisibilité dont la politique est à peine nuancée par la personnalité du ministre, cependant, il est juste que M. le duc de Broglie, alors ministre des Affaires Étrangères, porte la responsabilité de cette faute lourde, de cette ténébreuse intrigue, qui a renversé Sidi Moustapha. Puisse la France ne pas trop en souffrir !..... *Quidquid delirant..... consules, plectuntur..... populi.*

le total s'élevait à quatre-vingt millions, afin qu'il pût préparer sa défense. Il demandait en outre l'autorisation de se faire assister par un avocat européen.

Tout cela lui fut impitoyablement refusé : Et on ne lui laissa pas ignorer qu'il ne serait tenu aucun compte de la décharge antérieure que S. A. lui avait donnée.

On le laissa quelques jours tranquille.

Vint une autre sommation, encore plus impérative, d'avoir à se présenter devant la même Cour. Nouveau refus de Sidi Moustapha, qui demandait en outre à la Puissance accusatrice, la France, de le faire accompagner par ses janissaires qui répondraient de sa vie et de sa liberté. M. Vallet refusa, alléguant qu'il n'avait pas à intervenir dans les affaires intérieures de la Régence. Ainsi, lui qui était venu pour renverser le khasnadar, ce qui était bien s'immiscer dans les affaires intérieures de la Régence, il refusait d'assurer la liberté de la défense à celui dont la tête était en jeu.

Toutes ces embûches furent donc sans résultat.

Mais un soir, fort tard, alors que tous les consuls étaient réunis chez l'un d'eux, et que l'on pensait qu'aucun ne pourrait intervenir, au moins à temps, la police cerna le palais du khasnadar, pénétra chez lui, et voulut l'arracher à sa famille.

Les soldats avaient les ordres les plus absolus.

Mais les auteurs de ce coup de force avaient compté sans l'affection, sans le dévouement de toute la famille pour Sidi Moustapha.

Les enfants se précipitent au devant des soldats et couvrent leur père.—L'héroïque sœur d'Ahmet se jette au cou de son mari, jure qu'elle ne le quittera pas, qu'elle l'accompagnera partout, harangue les soldats, et les menace, elle, Princesse, de suivre son mari à travers les rues de Tunis, pieds nus et visage découvert. . . . .

Tout ce bruit, tous ces cris à l'intérieur, s'étaient entendus au dehors. On sort de chez soi, on s'ameute, des paroles menaçantes pour les soldats, répondent aux cris désespérés de cette princesse si aimée, et le général Khérédine, prévenu de cette résistance inattendue, fit donner l'ordre aux soldats de se retirer.

Cette scène se passait dans la nuit du 13 janvier 1874.

Après cette tentative, on dût renoncer à l'espoir de faire sortir le khasnadar de son palais, de l'enlever à sa famille qui ne le quittait pas d'un seul instant, et de le conduire au Bardo d'où il ne serait jamais sorti, ce que tous savaient trop bien !

On eut recours aux négociations.

Celui qui en fut chargé était un ancien serviteur de Sidi Moustapha, qui devait à la bienveillance du khasnadar la grande situation qu'il occupe dans l'Etat.

Sa demande était impérative et sans délai. Du reste, pas de mandat écrit. Les soldats qui l'accompagnaient justifiaient sans doute les ordres qui lui avaient été donnés.

A pareille demande de quatre-vingt millions, Sidi Moustapha répondit par semblable demande de justification; « Et d'ailleurs, ajoutait-il, S. A. me tien-
« dra-t-elle compte des sommes considérables que j'ai remises, par son ordre,
« comme dons souverains, à tous ses favoris, aujourd'hui mes accusateurs? Ou
« bien ceux-ci restitueront-ils ces mêmes sommes, afin que je puisse les rendre
« à S. A. »

Le même négociateur revint le lendemain.

Soit qu'il eut rapporté la conversation de la veille, à l'égard des restitutions à faire par les favoris comblés par les générosités du Bey, soit par tout autre sentiment, il annonça que sa réclamation était réduite à vingt millions, mais à payer de suite, sinon que toutes ses propriétés, bijoux, titres, etc., seraient immédiatement saisis.

Sidi Moustapha ne pouvait pas plus se reconnaître concussionnaire ou débiteur de vingt millions que de quatre-vingt millions.

Mais, pour le contraindre à souscrire à cette extorsion, on lui fit des menaces, pour lui et les siens, de tortures et de traitements tels, qu'ils ont toujours pour résultat de forcer un innocent à s'avouer coupable.

Ces menaces du négociateur furent immédiatement mises à exécution. On mit sous séquestre toutes ses propriétés, on saisit tout ce qui était titres, valeurs, bijoux, diamants, etc., sans distinction de ce qui appartenait en propre au khasnadar, de ce qui était le patrimoine de la princesse et des enfants.

On s'empara ainsi violemment, arbitrairement, d'une fortune de quarante millions environ, pour se rembourser de vingt millions, sans plus d'explication que de justification. Et, comme si cette spoliation n'était pas assez complète, pour le cas ou quelque chose aurait pu échapper à la rapacité des spoliateurs, malgré les indications précises qui n'ont pu être données que par quelqu'un vivant dans l'intimité de Sidi Moustapha, on exigea du père et du fils ; du père, s'il voulait se soustraire à l'emprisonnement perpétuel dont il était menacé, parce qu'il était vieux ; et du fils, s'il voulait échapper aux coups de bâton qui lui étaient destinés parce qu'il était jeune, et jusqu'à ce que son père se fût acquitté, qu'ils souscrivissent, solidairement, l'obligation de payer cinq cent mille francs par an, pendant sept ans, soit trois millions cinq cent mille francs.

Et avec quoi donc, puisque vous avez tout pris ?

Quel emploi ou quelle attribution a-t-il été fait de ces dépouilles opimes ? Nous l'ignorons ; mais, ce que nous savons, c'est qu'elles n'ont pas servi à l'amortissement de la dette, puisqu'aucun titre n'a été racheté !

L'engagement imposé a été souscrit en effet ; et, si le fils a été dispensé de la bastonnade, son vieux père n'en reste pas moins prisonnier chez lui, dépouillé, humilié, dégradé, obligé de quémander, au Bardo, pour lui et les siens, la nourriture de chaque jour.

Nous ne nous arrêterons pas à discuter si cette obligation, obtenue par la menace et la violence, est valable. Le droit de toutes les nations, autant que la conscience universelle répondent négativement. Mais, c'est à une hauteur plus grande que celle du droit privé, que nous élevons l'importance de ce débat.

Tel est l'acte de piraterie qui fut commis en pleine Régence de Tunis, à la fin de l'année 1873.

XII

Ainsi fut accusé, jugé, condamné et exécuté Sidi Moustapha, khasnadar, premier ministre de S. A. le Bey de Tunis.

Mais, nous nous trompons : il n'y a eu ni acte d'accusation, ni aucune pièce produite, ni une parole de défense prononcée, ni de sentence rendue ; il n'y a eu qu'une odieuse articulation sans preuve aucune, sans la moindre justification, bien qu'elle ait été sollicitée, et un acte de justice à la Turque.

La réponse du khasnadar était des plus simples et des plus dignes : « Je n'é-
« tais rien et je n'avais rien. Je tiens tout de la munificence de mes Souverains.
« Si, après quarante ans de services constamment appréciés, puisque je les ai
« continués, il plaît à mon souverain de me reprendre tout ce que je tiens de

« sa générosité et de celle de ses prédécesseurs, soit ! Mais qu'au moins il laiss
« à sa parente, à l'illustre sœur d'Ahmet, et à nos enfants, ce qui leur appar
« tient. »

A l'accusation de détournement, il opposait le témoignage de prudence, d
fidélité, de sagesse que lui donn t le sévère Mohamed, scrutateur rigoureux d
son administration financière pendant le long règne d'Ahmet. Il y répondai
par un autre et tout aussi flatteur témoignage de son souverain actuel, aprè
qu'il s'était fait rendre compte de sa gestion pendant le règne de Mohamed. E
il y répondait enfin par le *quitus* qui lui fut donné, lorsque le Kaïd Nessim eu
toutes les finances entre les mains.

Mais, il est vrai que ses juges lui avaient déjà fait savoir qu'il ne serait ten
aucun compte de la décharge que le Bey lui avait donnée ; dispositions bie
équitables et bien rassurantes.

A quelle époque remonteraient donc ces malversations, puisque, depuis di
années, Sidi Moustapha avait cessé d'être l'agent financier de l'Etat ?

C'est ce qui a été demandé et c'est ce qui n'a pas été dit, puisque pas un
ligne ne fut tracée et que pas un mot ne fut écrit.

Depuis quatre ans que M. Villet était à Tunis, toute l'administration avait été
livrée à ses investigations ; tout, personnes et archives, avaient été mis à sa disposition.

Comment se fait-il qu'il ne se soit aperçu que si tard, et au dernier moment,
de détournements si considérables. Il n'a donc rien découvert avant ce moment?
et s'il a découvert quelque irrégularité. pourquoi n'a-t-il jamais rien signalé, ni
demandé aucune explication ?

On comprend qu'avec ces arguments, et, mis en demeure de cette façon, les
accusateurs eussent été fort embarrassés.

La discussion devait tourner à leur confusion, et c'était là ce qu'ils redoutaient.
Mieux valait se taire et agir.

Puis, ajoutait le khasnadar :

« Ici, tout appartient au Bey ; c'est le Souverain le plus absolu qui soit au
« monde.

« Il n'a de compte à rendre à personne. Il abaisse ou élève les impôts selon
« qu'il le croit utile ; et tout ce qui entre dans son trésor lui appartient. Il n'a ni
« les entraves ni le contrôle des États européens ; et, quand les services publics

« sont assurés, l'excédant est l'objet de ses libéralités. Si j'y ai participé, j'en ai
« été l'intermédiaire bien plus souvent encore envers ses favoris et les person-
« nages de sa famille. Serais-je donc responsable des largesses du Prince?
« Parmi mes accusateurs, presque tous arrivés à la fortune et aux honneurs,
« grâce à ma protection, combien en est-il qui oseraient nier ces libéralités. Et
« ne pourrais-je ajouter aussi, que les bienfaits de nos souverains se sont sou-
« vent répandus à l'étranger et à l'égard d'étrangers. Les Etats Européens n'ont-
« ils pas aussi leurs fonds secrets ! »

Si toutes ces considérations peuvent être énoncées dans ce *Mémoire*, sans aucun doute aussi, elles auraient pu être produites par la défense. Mais, on le sait
déjà, il n'y a pas eu de défense, pas plus que d'accusation précisée.

Aussi est-ce un devoir pour ceux qui sont honorés de la confiance de Sidi
Moustapha, de s'élever contre l'iniquité de cette mesure arbitraire, et de provo-
quer l'annulation d'une spoliation que rien ne justifie.

C'est donc à S. A. le Bey de Tunis que nous faisons appel : c'est à sa magna-
nimité, c'est à sa justice que nous nous adressons. Il a été indignement trompé ;
il ne saurait plus l'être maintenant. Tout ce que nous avons dit, pour la justification de Sidi Moustapha, est la vérité la plus exacte; ce sont des faits histori-
ques qui appartiennent aux règnes des glorieux princes qu'il a servis. Mais ce
que tout le monde ne sait pas suffisamment, et ce que nous nous permettrons
de rappeler à la mémoire de l'illustre Mohamed-Essadok et encore plus à son
cœur, c'est le dévouement sans bornes que son khasnadar a eu pour sa personne et pour ses intérêts; ce sont les luttes qu'il a eues à soutenir pour lui,
dans les circonstances les plus périlleuses; c'est son trône conservé; c'est l'autonomie de la Régence maintenue; c'est l'autorité du prince raffermie; c'est la
prospérité de la Tunisie développée; c'est la confiance, c'est l'affection que
S. A. avait pour Sidi Moustapha, et que la jalousie et la perfidie lui ont
enlevées.

Mais le règne des méchants n'a qu'un temps. Celui de la justice arrive à son
tour. La gloire du règne de l'illustre souverain de la Tunisie ne serait pas complète, si ce règne n'était pas aussi celui de la justice ! C'est cette justice que nous
sollicitons en faveur de son plus vieux et le plus fidèle serviteur, et que nous
attendons en toute confiance.

XIII

Les chancelleries européennes se tromperaient fort si elles pensaient que les évènements qui se sont accomplis récemment en Tunisie sont sans intérêt pour elles.

Dans les Etats européens, dont le pouvoir est partagé, le changement d'un premier ministre peut ne pas avoir grande importance, parce qu'il n'est que le ministre dirigeant d'une autorité qui n'est pas sans contrôle.

Mais, dans les gouvernements absolus, et en Tunisie spécialement, le premier ministre est tout un système de gouvernement : Sidi Moustapha personnifie un système; le général Khérédine, un tout autre système.

La Tunisie occupe une certaine place dans les préoccupations de la politique européenne. Les évènements de 1864 l'ont bien prouvé. Son climat si sain, son sol d'une fertilité inépuisable, ses richesses naturelles si variées, sa docile population apte à tous les genres de travaux, pourraient en faire une contrée agricole d'une immense production. Ses côtes de plus de six cents kilomètres, ses ports hospitaliers dont le plus célèbre est celui de l'antique Carthage, semblent inviter le commerce européen à lui apporter ses produits, en échange de ceux de cette terre privilégiée. Située au milieu de la Méditerranée, en face de la France et de l'Italie, confinant l'Algérie, à une journée de la Sardaigne et de la Sicile, sur la route de Malte, de l'Archipel, de Constantinople, d'Alexandrie et de l'Extrême Orient par le canal de Suez, il est difficile de trouver une position plus avantageuse et plus digne d'envie.

La possession de la Tunisie est donc l'objet d'une grande convoitise. Son indépendance, *in statu quo,* doit être considérée comme un gage de paix entre les puissances Méditerranéennes.

Ceci admis, on comprendra qu'un changement de premier ministre, c'est-à-dire de système de gouvernement, ne peut être indifférent pour les Etats qui s'observent si attentivement sur les côtes de la Méditerranée.

XIV

Quel est le caractère du changement qui s'est opéré dans le gouvernement de la Régence par la substitution du général Khérédine à Sidi Moustapha ?

Le khasnadar représentait la force, le progrès, une sage tolérance, l'indépendance de sa nation.

Tous ceux qui ont habité les pays Levantins, où domine la population arabe, savent que la force est le premier principe du gouvernement. C'est par le glaive que Mahomet a fait ses conquêtes, c'est par le glaive aussi que ses adeptes doivent être maintenus, et, au besoin, gouvernés. Sidi Moustapha en a fait la dure expérience pendant sa longue administration ; et si, en temps ordinaire, il s'est contenté de faire respecter l'autorité du Bey, en temps de rébellion, il n'a pas hésité à convaincre les rebelles par l'*ultima ratio regum*.

C'est ainsi que la tranquillité fut toujours imposée aux Arabes, à l'exception de quelques hostilités entre tribus trop éloignées ou trop turbulentes ; ce qu'il faut savoir accepter dans un Etat composé de chefs militaires à tous les degrés.

Il est entendu que nous en exceptons la grande insurrection de 1864, qui eut des causes toutes différentes, et dont la répression mit en relief l'habileté et l'énergie du khasnadar.

Cette tranquillité intérieure permit à Sidi Moustapha, en relations pendant si longtemps avec les hommes distingués qui remplissaient les fonctions de consuls généraux, d'apprécier quelles améliorations il pourrait introduire dans ce pays, sans froisser ses croyances religieuses.

L'eau, le gaz, la vapeur, l'électricité, tout cela est dû à l'intelligente prévoyance de Sidi Moustapha ; et, en constatant les progrès du bien-être et de la richesse, à Tunis et dans ses environs, depuis une quinzaine d'années surtout, on s'explique facilement les félicitations qu'il en a reçues.

Nous ne devons pas oublier non plus que c'est à Sidi Moustapha que l'on doit la protection qui permet aux chrétiens de célébrer publiquement leur culte.

Sidi Moustapha fut également le premier, parmi tous les Grands de laTunisie qui envoyât ses enfants faire leur éducation à Paris, ce qui le fit accuser d'êtr vendu à la France.

Mais, ce qu'il y avait de plus important pour l'Europe, dans la politique d Sidi Moustapha, c'était l'indépendance de la Tunisie vis-à-vis de Constantinople indépendance acceptée, passée dans les faits, à ce point que, pour les emprunts comme pour toutes les conventions internationales, nulle puissance n'a entend subordonner la validité de ces conventions, à la ratification de la Porte.

L'autonomie de la Régence, sa plus grande indépendance vis-à-vis de tous tel a été le système politique de Sidi Moustapha.

Qu'il ait souvent manifesté une certaine prédilection pour la France, cela s comprend, et c'est juste. La France, par l'Algérie, est voisine de la Tunisie Après la prise de Constantine, les Arabes, qui s'étaient bien un peu compromi en soutenant leurs coréligionnaires Algériens, furent pris d'une terreur telle qu'ils s'apprêtaient à fuir dans le désert, si un seul régiment français passai leurs frontières. En 1864, si le maréchal Randon s'était associé à la politiqu maladroite de son collègue des affaires étrangères, en faisant marcher des troupe sur Tunis, c'en était fait de la souveraineté d'Essadock-Bey. Au lieu de cela, l France a maintes fois déclaré aux souverains de Tunis qu'elle n'avait nul be oir de conquête nouvelle, et que son plus grand désir était de vivre avec eux dan les meilleurs rapports de bon voisinage.

Et, il ne faut pas méconnaître que c'est à cette entente cordiale, entre ce deux puissances, que la Tunisie jouit d'une indépendance qu'elle n'avait jamai eue et qu'elle n'aurait jamais pu espérer, si on ne la savait, au besoin, efficace ment protégée par la France.

C'est ce gouvernement sage, modéré, ferme, de progrès, indépendant, qui été renversé dans la personne de Sidi Moustapha.

X V

Quel est le gouvernement qui lui a été substitué ?

Il ne nous convient pas de récriminer. Nous ne rabaisserons pas les grand intérêts qui nous préoccupent, à une question de personnes.

A ceux qui savent dans quelle condition abjecte, à peine adolescent, le jeune et beau Khérédine a été débarqué à la Goulette, nous n'apprendrons rien en disant, que celui qu'on appelle aujourd'hui S. E. le premier ministre de S. A. le Bey de Tunis, doit tout à la protection, à la confiance, aux bontés de Sidi Moustapha, qui l'éleva, de la plus humble condition, jusqu'à en faire son gendre, en lui accordant une princesse pour femme.

Mais, nous rappelons que ce changement de personne était aussi un changement de gouvernement.

Pour le général Khérédine, le maître, le souverain, il est à Constantinople. Partout ailleurs, il n'y a que des chefs subordonnés.

Ainsi le veut la tradition pure, ainsi l'enseignent les ulémas, ces fanatiques observateurs de la loi du prophète. De même, tout ce qui est chrétien ou européen, doit être combattu ou rejeté au loin. Tout pour et par Constantinople ; tout contre ce qui est européen.

Ce gouvernement est donc celui du fanatisme religieux, dans toutes ses applications, civile ou politique.

A la fin de l'insurrection de 1864, le général Khérédine avait été envoyé à Constantinople. Or, il est certain maintenant, que c'est pendant ce voyage qu'il prépara secrètement, le firman qui devait replacer la Régence sous la dépendance de la Porte. Restait à saisir la circonstance favorable, et on l'attendit patiemment. La guerre entre la France et l'Allemagne fournit cette occasion. La France dut retirer ses troupes de l'Algérie. Alors elle était peu à craindre ; et, pour neutraliser encore son action, des troubles furent suscités sur différents points de l'Algérie. Des fusils et de la poudre avaient été expédiés en grande quantité aux Kabyles révoltés. C'est alors que, profitant des désastres de ses malheureux voisins, le général Khérédine, arrachant la Régence de Tunis au protectorat effectif si ce n'est nominal de la France, la plaça sous la souveraineté réelle de la Porte, par le firman du 23 octobre 1871 (1).

Quelle est la portée de cet acte, et quelle en est l'interprétation dans la pensée de son auteur ?

« L'administration de l'empire (la Tunisie), dit le général Khérédine dans une
• brochure qui a fait grand bruit, est placée sous la sauvegarde des ulémas et

---

(1) Nous croyons faire plaisir à nos lecteurs en donnant, aux annexes, la traduction de ce firman, pièce peu connue et dont l'importance pourrait être si grande sur les destinées de la Tunisie.

« des ministres, auxquels appartient le droit de faire des remontrances au sou
« verain, dans le cas où il s'écarterait du droit chemin, parce que la souvera
« neté est basée sur la loi politico-religieuse qui ordonne au chef de prend
« conseil avant d'agir, et prescrit à tous, formellement, d'empêcher le mal, c
« à quoi les Ulémas sont les plus propres, parce qu'ils possèdent la science d
« droit; de même que les ministres sont plus particulièrement en état d'appréci
« les affaires purement politiques et la raison des temps. Si les Ulémas et le
« ministres voient, dans les actes du souverain, quelque chose de contraire à l
« loi politico-religieuse, ou à ce même code qui n'en est que l'interprétatio
« orthodoxe, ils devront suivre les prescriptions de la religion, concernant l'en
« pêchement du mal, c'est-à-dire, qu'ils commenceront par avertir le souverai
« et, si cela suffit, le but est atteint. Dans le cas contraire, ils devront préven
« les chefs de l'armée que leurs remontrances sont restées sans effet. Enfin, l
« même code indique le moyen extrême qui doit être employé : si le souverai
« persiste à violer la loi et à suivre ses caprices, c'est de le déposer et d'élire
« sa place un autre membre de la famille régnante. »

Tel est le sens du firman du 23 octobre 1871, telle est l'application qui do
en être faite.

Le Bey n'est plus rien que le docile instrument des Ulémas et des ministres
Ceux-ci ne reconnaissent pour chef que le successeur du Prophète régnant
Constantinople, comme les ultra-catholiques ne reconnaissent pour chef que l
Pape siégeant à Rome. Si le Bey résiste aux remontrances, aux injonctions, au
ordres des Ulémas, ils ont le droit de le déposer ; comme, au moyen-âge, le
rois pouvaient être détrônés quand ils désobéissaient aux ordres de l'église.

Il semble que ces prévisions commencent à se réaliser :

Sous prétexte qu'il ne pouvait faire rentrer les impôts dûs par quelque
tribus voisines de la régence de Tripoli, le général Khérédine a appelé les Turc
à son aide. Après avoir écrasé ces malheureuses tribus entre les troupes Tur
ques et Tunisiennes, et partagé le butin avec ses alliés, non sans difficulté
sur le produit de cette razzia collective, le général Khrédine a souffert que
depuis une année, et à quatre fois différentes, des vaisseaux turcs vinssen
jeter l'ancre en rade de la Goulette, et dicter les volontés du maître de Constan
tinople.

« Depuis moins d'une année, dit un journal ordinairement bien informé de
« choses de la Tunisie, voici quatre fois que des vaisseaux turcs viennen

« mouiller en rade de Tunis. Sous l'administration du Khasnadar, qui a duré
« près de quarante années, jamais visites semblables n'avaient eu lieu. Pour
« recouvrer partie des impôts, Khérédine avoue son impuissance, et fait appel
« aux Turcs, avec lesquels il partage le butin. Que devient alors l'autorité du
« *Bey du camp*, dont la fonction est, spécialement, de parcourir la régence deux
« fois par an, à la tête d'une expédition armée, pour recouvrer les impôts dans
« les tribus éloignées ? A quoi sert donc le ministre de la guerre, Sidi Rostem,
« gendre du général Khrédine, s'il ne sait pas dompter quelques tribus re-
« belles ? C'est donc là l'administration si vantée du général Khérédine ? Il dé-
« truit à l'avance l'autorité du *Bey du camp*, futur héritier de la régence, en le
« déclarant incapable de remplir ses fonctions. Il déconsidère le Bey, en le
« représentant comme trop faible pour recouvrer ses impôts. Il appelle les
« soldats turcs, pour faire acte de toute puissance sur la régence, par la voie
« des armes. Il souffre que des vaisseaux viennent, menaçants, s'embosser de-
« vant les forts de la Goulette, et parler au Bey, comme un maître à son vassal.
« Et c'est ainsi que, par ces manœuvres et cette faiblesse, Khérédine habitue
« les Tunisiens à voir un autre maître que Sidi Sadock, préparant ainsi l'exécu-
« tion du traité secret qui a tant ému les chancelleries européennes (Et dont
« nous parlerons dans le paragraphe suivant).

« Et alors quand tout aura été bien préparé, lentement, secrètement, comme
« on l'a fait pour le firman de 1871, quelques vaisseaux turcs viendront mouiller
« à la Goulette ; par un coup de main, on s'emparera de Sidi Sadock et des
« siens, que l'on transportera à bord, morts ou vifs et……. et S. E. le général
« Khérédine sera proclamé Pacha de Tunis, sous la condition d'une dépendance
« absolue vis-à-vis de la Porte, conformémant aux conventions faites, et dont
« toutes ces manœuvres ne sont qu'un commencement d'exécution. » *(Répu-
plique française 8 mars 1875.)*

Nous avions donc raison de dire que le général Khérédine était le chef d'un
gouvernement rétrograde, intolérant, fanatique ; que l'indépendance de ce pays,
dans lequel il a été transplanté, n'était rien pour lui, et que toute sa politique
tendait à le replacer sous la dépendance immédiate de la moderne Byzance,
sans nul souci des intérêts européens.

En effet, ceux qui sont au courant des choses de la Tunisie savent combien,
depuis plus d'une année, les européens ont eu à souffrir de vexations, de mesures arbitraires, de dénis de justice ou d'exactions. Nous en appelons à l'im-
partialité des consuls.

Mais, celui qui a été le plus perfidement dupe de toutes ces intrigues, c'est le Souverain de la Tunisie, c'est le trop confiant Mohamed-Essadock. Il se croit encore maître comme autrefois, et on l'entretient dans cette illusion; tandisqu'il n'est plus rien, que par le bon vouloir de son premier ministre et des Ulémas, qui peuvent le détrôner demain, enfaisant appel aux chefs de l'armée.

Il n'a plus d'autre titre que celui de *gouverneur général de la Tunisie, partie intégrante de l'empire Ottoman, dont toutes les classes de sujets sont placées sous l'autorité de la Porte.* Il peut bien, il est vrai, *entretenir des relations avec les puissances étrangères;* mais il ne peut conclure, avec elles, *des conventions ou actes internationaux ayant rapport aux affaires politiques, actes de guerre, ou règlement de frontières, tous ces objets appartenant exclusivement aux droits sacrés souverains du Sultan.* Or, qu'est-ce que cela, si ce n'est l'abandon de droits acquis, et la reconnaissance d'un vasselage ou d'une suzeraineté depuis longtemps tombée? Quand toutes les anciennes provinces turques, encore tributaires de cet empire, s'en détachent chaque jour davantage, est-il de bonne politique européenne que la Tunisie rattache son existence à cette agglomération musulmane menacée de toutes parts?

Or, il n'est pas besoin d'être dans les secrets du Bardo pour affirmer que, si l'esprit et les conséquences de cet acte n'eussent pas été habilement dissimulés au Bey, S. A. ne l'eût jamais accepté.

Ce firman est donc un acte d'hypocrisie, de fanatisme et de forfaiture.

XVI

Mais, tant que Sidi Moustapha resterait premier ministre, l'application de ce firman n'était pas à craindre; on le savait bien.

Sidi Moustapha n'a aucun penchant naturel pour la Turquie. Grec de naissance, il était bien jeune encore, quand sa patrie luttait avec tant d'héroïsme contre les Turcs. On peut dire, à sa gloire, qu'il ne conserva que le souvenir de ces événements, et que, ministre d'un prince Musulman, ils n'eurent aucune influence dans ses rapports avec le gouvernement de Constantinople.

Il fallait donc commencer par renverser le khasnadar.

Le khasnadar fut renversé, et la France, ignorante et dupe, y donna tout son concours.

La chute du khasnadar doit inévitablement entraîner celle de son souverain ; c'est une affaire de temps et d'opportunité. Et alors disparaîtra toute la famille Heusseinite, qui règne sur la Tunisie depuis 1705.

Qu'arrivera-t-il alors ?

Dieu seul le sait !

Mais, ce qui est certain, c'est que la Tunisie rentrera, plus effectivement, sous la dépendance de la Porte. C'est que, la dynastie actuellement régnante étant détrônée, elle sera remplacée, dans le gouvernement de ce magnifique pays, par un docile et fanatique Pacha, recevant l'investiture de Constantinople.

Quel sera cet heureux Pacha ?

En écrivant ces lignes, nous nous rappelons, qu'en décembre dernier, les journaux allemands, français et anglais nous apprenaient que le général Khérédine, voulant compléter l'œuvre élaborée par ce fameux firman de 1871, aurait signé « *un traité secret avec le Sultan. Le général Khérédine s'engagerait à rendre la Tunisie à la Turquie; et la Porte Ottomane, s'engagerait à reconnaître S. E. el général Khérédine et sa descendance directe pour Pacha de la Tunisie. Une retraite honorable serait assurée, en Orient, au Bey de Tunis actuel, à son frère et à son ancien ministre, le khasnadar.* »

Qu'y a-t-il de vrai dans cette révélation si inattendue ?

Nous ne saurions l'affirmer. Mais si, comme dit un vieux proverbe, *il n'y a pas de fumée sans feu*, cette indiscrétion de la presse prend un caractère de gravité qui n'échappera pas à la diplomatie européenne. D'ailleurs, comme nous venons de l'expliquer, cet évènement est dans la logique des faits.

Le caractère, les tendances, les opinions et les agissements antérieurs du général Khérédine étant connus, ils sont comme la certitude que, si même ce traité n'existait pas, ce qu'il révèle n'en devrait pas moins arriver infailliblement prochainement.

XVII

Nous hasarderons une dernière réflexion.

C'est de Berlin que nous arrive cette importante nouvelle.

Pourquoi de Berlin ? Il y aurait bien lieu de s'en étonner, si nous ne connaissions les relations intimes, jusqu'à présent inexplicables, qui existent entre le général Khérédine et la Cour de Berlin.

Mais peut-être n'est-il pas impossible d'en pénétrer le secret.

Il est de notoriété que l'Allemagne cherche des colonies.

En caressant l'Espagne, et comptant sur l'anarchie qui l'épuise, elle a pu espérer la cession des Philippines ; mais cette espérance ne s'est pas réalisée. A qui l'Allemagne pourrait-elle s'adresser ? Ce n'est ni à la France, ni à l'Angleterre, ni au Portugal, ni au Danemarck, encore plein de ressentiment de la violation du traité de Prague ?

Il y a bien la Hollande qu'elle convoite, et dont la possession lui donnerait une grande situation dans les mers du Nord, et de riches colonies jusque dans l'Inde. Mais ce serait une nouvelle grande guerre à entreprendre, et la France ne serait pas seule à la soutenir.

Cependant, M. de Bismarck comprend que jamais la puissance de l'Allemagne ne sera assurée, si elle n'est complétée par une marine redoutable. Mais comment concevoir une marine sans colonies ? Ce n'est pas sur les plages glacées de cet empire que se dénouera un jour la question d'Orient, et n'est-il pas sage de se préparer, dès maintenant, à y remplir le rôle qui appartient à cette grande nation ?

Puis, malgré les milliards versés par la France à l'Allemagne, l'une et l'autre n'en sont ni plus pauvre, ni plus riche. L'Allemagne, qui nourrit si difficilement et si maigrement sa population, en perd tous les ans une partie trèsnotable (1).

---

(1) D'après des documents officiels, publiés à Berlin, le nombre des habitants de l'Allemagne qui ont émigré dans les seuls pays transatlantiques, en 1873, s'élève à 110,674.

Depuis la dernière guerre surtout, l'émigration a pris de telles proportions, que les conséquences sociales et politiques ne peuvent en être ignorées par le chancelier allemand. Si l'Allemagne possédait un territoire sur la Méditerranée, elle pourrait y diriger ses émigrants, et cette population ne serait pas perdue pour elle. Mais comment faire? Il n'est pas possible à M. de Bismarck, tout puissant qu'il soit, de les parquer et de les transporter sur une terre de son choix, comme faisaient autrefois les Phéniciens, Rome et Carthage ?

La difficulté est donc grande. Ne pouvant la surmonter de haute lutte, c'est par d'autres moyens qu'il faut y arriver.

Pour terminer ces considérations, nous nous permettrons d'emprunter les lignes suivantes qui, pour être inspirées par un sentiment français, ne nous semblent pas moins d'un grand intérêt européen.

« Ici (à Tunis) les intérêts des Allemands sont nuls, puisqu'il n'y a pas d'Al-
« lemands.....

« Je vous ai écrit déjà bien des fois que M. de Bismarck avait des vues de
« conquête sur la Tunisie. Je vous ai signalé les invasions d'officiers Prussiens,
« sous prétexte de grandes chasses ou d'explorations scientifiques, ce qui leur
« a permis de pénétrer dans l'intérieur du pays et de l'étudier. Soyez sûrs qu'ils
« prendront un jour possession d'une partie de la Régence, et qu'à la Tunisie
« aussi bien qu'à la France, ils chercheront *une querelle d'Allemand*. Et alors qui
« sait quelles seront les conséquences de la lutte? Qui sait si, se plaçant tout
« près de notre Algérie, les Allemands ne se disposent pas déjà à nous en im-
« poser la cession, si, dans la guerre nouvelle à laquelle ils se préparent, ils
« sont encore nos vainqueurs ? Et alors, maîtres sur la Méditerranée, comme ils
« le sont déjà sur le continent, l'Allemagne trancherait seule l'éternelle ques-
« tion d'Orient, en dépit des billevesées des hommes d'Etat Européens.

« Parcourez toute la côte, depuis Gibraltar jusqu'à la Syrie, et vous verrez
« qu'il n'y a qu'un seul point vulnérable : la Tunisie, ce magnifique golfe de
« Carthage , si facile à protéger, à défendre, si hospitalier pour la flotte la plus
« formidable. Et alors, que fera l'égoïste Angleterre ?

« Que pourra tenter l'Italie, déjà sous l'influence politique de la Prusse ?

. . . .

« Ma conviction est si profonde ; il y a tant de faits, de circonstances, qui me
« démontrent que nous avons tout à craindre de la Prusse, que je ne cesserai de
« vous crier : *Veillez à la Prusse*, c'est mon *Delenda est Carthago*.

« Et, pour conjurer ces évènements, que vaut un homme d'Etat de la valeur
« de Khérédine, sa valeur fût-elle augmentée de celle des diamants de   ites
« ses décorations !

.   .   .   .

« La question Tunisienne est grosse de complications dans l'avenir. C'est un
« point noir qui grossit tous les jours sur les plages si heureuses de la Méditer-
« ranée. « *Caveant Consules !* » (*République Française*, 18 *Décembre* 1874).

Telles sont les considérations, d'ordre plus général, qui nous ont été inspirées
par une connaissance approfondie des hommes et des choses dont nous avons
parlé. Toutefois, ce n'est pas en ces quelques lignes que nous avons eu l'intention de traiter la question Tunisienne, dont l'importance n'est pas assez connue.
C'eût été sortir de notre sujet. Nous nous contenterons d'appeler l'attention des
hommes d'Etat sur les points que nous n'avons fait qu'effleurer.

Nous avons terminé la tâche que nous nous étions imposée. Si nous parve-
nons à faire rendre justice à un vieillard odieusement persécuté, à éclairer un
Prince indignement trompé, à éveiller l'Europe étrangement aveuglée, nous
aurons obtenu la seule satisfaction que nous avons ambitionnée.

ANNEXES

I

TRADUCTION DU FIRMAN

Du 9 chaaban 1288 (23 Octobre 1871)

A notre Vizir Mohamed Sadock, Pacha, décoré des ordres impériaux Osmanli et Medjidjié, en diamants, gouverneur-général de la province de Tunis.

Nous connaissons la conduite louable que tu as suivie et les services que tu as rendus, ainsi que la loyauté et l'honorabilité dont tu nous a donné les preuves, depuis que le gouvernement de la province de Tunis, formant partie de notre empire, a été confié par nous à ta capacité, comme il l'avait été à celui de tes prédécesseurs.

Les qualités par lesquelles tu t'es distingué nous font espérer que tu persévéreras dans la même voie et que, en vouant tes efforts à la prospérité, au bonheur et à la tranquillité de cette province et de nos sujets, tu deviendras de plus en plus digne de notre faveur et de la confiance que nous plaçons en toi, et tu en apprécieras la valeur.

Notre sincère désir, notre ferme volonté, est que cette importante province de notre Empire jouisse de la plus parfaite sécurité constante, et que la confiance publique s'établisse solidement parmi les habitants.

Il est évident, qu'en vertu de nos droits souverains, nous ne refuserons jamais d'accorder notre appui et de consacrer nos soins à la complète réalisation de ce but.

Selon la demande contenue dans la pétition que tu nous a transmise, nous te confirmons comme gouverneur-général de la dite province de Tunis, dont les frontières doivent rester ce qu'elles étaient *ab antiquo*, t'accordant, de plus, le privilége d'hérédité du gouvernement aux conditions suivantes :

Dans l'intention, comme il est dit plus haut, d'augmenter la prospérité et la richesse de la dite province impériale et celle des sujets qui l'habitent; et, prenant en considération la présente pénurie des ressources et les besoins du pays; animé, de plus, par nos sentiments de générosité et d'intérêt vis-à-vis de nos fidèles sujets Tunisiens.

Nous abandonnons en leur faveur le paiement de la somme à laquelle la Province était, jusqu'à présent, tenue sous la forme d'un tribut.

Comme acte distinctif des anciens et légitimes liens qui attachent la Province de Tunis à notre Khalifat et souveraineté comme partie intégrante de notre Empire, le Koutbach doit être fait, et toute monnaie émise à notre nom impérial.

Le pavillon conservera sa forme et ses couleurs.

En cas de guerre entre la Turquie et un pays étranger, la province impériale devra fournir son contingent militaire dans la limite de ses moyens.

Tous autres liens existant jusqu'à présent avec notre gouvernement sont maintenus

A ces conditions, nous ordonnons comme suit :

Le gouvernement héréditaire de notre province de Tunis est accordé à ta famille.

Le gouverneur-général aura plein pouvoir de nommer ou renvoyer, selon les règles de la justice et de l'équité, tous officiers judiciaires, militaires, civils ou financiers de la Province.

L'administration intérieure devra être, cependant, en conformité avec la loi sacrée et les autres lois de l'Empire, assurant la vie, l'honneur et les biens de nos sujets et tenant compte des nécessités du temps.

Le gouverneur-général de Tunis est autorisé à entretenir des relations avec les puissances étrangères; excepté, toutefois, le droit de conclure avec lesdites puissances, des conventions ou actes internationaux ayant rapport aux affaires politiques, actes de guerre ou règlement de frontières. Tous ces objets appartenant exclusivement à nos sacrés droits souverains.

Lorsque la place du gouvernement sera vacante, sur une pétition demandant la nomination d'un successeur, dans la personne du membre aîné de la famille, notre rescrit impérial, conférant le rang de vizir et de mouchir, avec le firman d'investiture, sera accordé.

Cet ordre souverain, écrit par notre divan et auquel notre sceau impérial est apposé, est émis.

Ainsi qu'il a été dit plus haut, dans notre sollicitude paternelle, nous n'avons d'autre but que d'améliorer la situation de l'importante province de Tunis et de consolider la position de la famille régnante ; en même temps, nous voulons fournir de nouveaux moyens propres à assurer la félicité, la tranquillité et la protection de toutes les classes de sujets placés sous notre autorité et établis dans cette province.

Notre volonté souveraine est donc, que tu dois vouer tous tes efforts à ces fins , et, comme la préservation absolue et permanente de nos anciens et indispensables droits sur la province de Tunis, ainsi que la sécurité constante de la vie, de l'honneur, des biens et des droits généraux de nos sujets, résidant dans cette province, confiée à ta fidelité, constitue les conditions fondamentales et *sine qua non* du privilége d'hérédité du gouvernement, tu devras veiller à ce que ces conditions essentielles soient observées fidèlement et t'abstenir de tout acte qui y soit contraire.

Toi, et tous les membres de ta famille, qui pourront se trouver à la tête du gouvernement par ordre de succession, apprécieront la valeur de cette faveur impériale et prêteront toute attention à l'observation scrupuleuse des conditions ainsi établies, ils mériteront par là notre approbation.

Ce firman fut apporté par le général Khérédine le 15 Novembre 1871.

Il en fit la remise et la lecture au Bey, devant tous les officiers de l'armée, présents à Tunis, les muphtis, cadis, ulémas, etc., les fonctionnaires civils et les députations de la population.

Cette lecture a été suivie du Koutbach (prière Turque), (le nom du Bey y est complètement oublié), dans la salle du Trône, et saluée par cent-un coups de canon, tirés par tous les forts du Bardo, de Tunis et de la Goulette.

Le même jour, le Bey reçut le grand cordon de l'Osmanié, et la plaque en diamants.

Le général Khérédine avait déjà reçu la même récompense du Sultan, à Constantinople.

Quant à la population, elle ne vit, dans tout cela, à part les fêtes dont elle est fort avide, et qui lui ont été ordonnées, qu'un maître, bien éloigné, supérieur au gouverneur-général de la Province de Tunis, ce qui lui permettra de donner cours à son fanatisme, à sa haine contre les européens en général, et particulièrement contre les Français, ses voisins en Algérie.

II

ARTICLE OFFICIEL

REPRODUIT PAR LES JOURNAUX , L'ITALIE ET LE SÉMAPHORE

Le Journal l'*Italie*, auquel nous sommes abonné, et que nous tenons au rang
des journaux les plus estimables de l'Europe, a continué de publier. une fois par
semaine, depuis la seconde moitié d'octobre dernier, des correspondances tunisiennes qui prétendent raconter la *vérité* sur les affaires de notre pays, et surtout sur le changement ministériel qui a eu lieu chez nous la veille du mois de
Ramadhan.

Comme, d'une part, ce changement est, pour notre pays, un changement radical
destiné, par sa nature même, à changer aussi l'état de nos populations et à modifier
peut-être le caractère et la marche de nos relations à l'étranger, et que, d'autre
part, la manière dont M. le correspondant tunisien de l'*Italie*, pour des motifs dont
nous nous abstenons de rechercher le mobile, a jugé à propos de représenter ce

changement, nous a paru calculée à fausser l'opinion publique, nous avons cru de notre devoir de faire aujourd'hui à vos lecteurs un exposé fidèle des faits qui ont amené le résultat en question

Mais, avant d'entrer en matière, nous devons à nos sentiments personnels de déclarer que si, d'un côté, nous nous réjouissons d'un changement qui était devenu nécessaire et impérieusement exigé par les circonstances, nous avons, d'un autre côté, éprouvé le plus vif regret de la disgrâce qui a frappé le personnage qui va former l'objet de notre article, après une si longue, et nous pourrions même ajouter, honorée carrière; et que nous partageons bien sincèrement la douleur que cette disgrâce doit lui avoir causée; et nous protestons que c'est à contre-cœur que nous nous sommes décidé à parler de lui pour remplir le devoir que les exigences de la vérité imposent à notre profession de journaliste.

Cela posé, nous entrons en matière et disons : Il n'y a point eu de campagne entreprise contre l'ex-premier ministre, comme le dit M. le correspondant tunisien de l'*Italie*, c'est l'ex-ministre lui-même qui est l'unique auteur de sa disgrâce, dont le commencement réel date de bien plus loin que les six mois que M. le correspondant tunisien de l'*Italie* donne pour durée de la campagne dont il parle; et si le coup n'a pas éclaté plus tôt, c'est grâce à la trop longue bienveillance de son souverain.

Quant à la cause qui a déterminé la disgrâce, elle était déjà parvenue à la connaissance du public tunisien dès la veille même de ce fâcheux dénoûment, et nous n'affirmerons certes pas qu'elle pût être restée ignorée à cette époque par M. le correspondant tunisien de l'*Italie* seul; c'est l'affaire de deux mille obligations tunisiennes de l'emprunt de 1863, que le gouvernement avait fait racheter par un banquier de Paris.

Ces obligations, devenues ainsi propriété exclusive du gouvernement, furent dans la suite égarées; il n'en resta dans les archives d'autres traces que la liste des numéros. Après de longues et infructueuses recherches faites par la commission financière pour les retrouver, celle-ci crut devoir s'adresser à l'ex-ministre pour avoir quelques explications et savoir quelles mesures prendre pour sauvegarder les intérêts du gouvernement. Sidi Moustapha, par une lettre signée par lui, a répondu en déclarant que le gouvernement n'avait jamais reçu ces deux mille obligations, et qu'il laissait la responsabilité de cette affaire à la personne qui prétendait les avoir achetées.

Quelque temps après, une circonstance fortuite a fait découvrir, dans une partie de sept mille obligations engagées chez un capitaliste de Paris pour compte de l'ex-premier ministre, Sidi Moustapha lui-même, une série de deux mille obligations du même emprunt 1863, portant identiquement les mêmes numéros d'ordre que les obligations égarées. Cependant, l'ex-ministre continuait de nier toute connaissance de ces malheureuses obligations; de soutenir que le gouvernement ne les avait point reçues, et d'affirmer que celles qui étaient engagées étaient sa propriété exclusive; tellement, qu'un jour, qu'on discutait la question en présence de S. A. notre souverain, que Dieu le protége! l'ex-ministre, au lieu de donner les éclaircissements qu'il devait à son maître, s'emporta et poussa les hauts cris, en disant que **ses ennemis** intriguaient contre lui (M. le correspondant tunisien de l'*Italie* a retenu l'expression) pour le perdre, mais qu'il s'en vengerait, qu'il les ferait bâtonner, qu'il enverrait un cartel au *roumi* (allusion à l'inspecteur des finances, M. Villet), et autres menaces de cette sorte.

. Et notez que cette scène a eu lieu au moment où étaient réunis chez S. A. **notre** souverain plusieurs hauts fonctionnaires du gouvernement, et quelle a été entendue de plusieurs aides de camp de S. A. et racontée par eux dans la suite à bien des personnes dans la ville.

Peu après, l'ex-ministre est sorti de chez le Bey, sous prétexte qu'il voulait examiner l'affaire ; mais le résultat de cet examen a été que le lendemain, il envoyait à S. A. une déclaration, signée de sa propre main, par laquelle il reconnaissait le gouvernement pour les deux mille obligations et consentait en outre, à payer, pour le temps qu'il les avait gardées, 18 0[0 d'intérêt, taux auquel lui, Sidi-Moustapha, tout musulman qu'il est et tout premier ministre qu'il était, avait prêté de fortes sommes au gouvernement, par l'entremise de ses agents et hommes d'affaires que tout monde connaît parmi nous.

Nous laissons au lecteur à juger le fait et à dire ce qu'à dû penser le souverain, de son premier ministre, qui, vingt-quatre heures avant, avait protesté de son innocence au point de se laisser aller, en sa présence, aux excès de l'emportement, et à se servir d'expressions injurieuses à l'adresse d'hommes et de fonctionnaires respectables.

. Nous ferons remarquer seulement que S. A. le Bey avait eu maintes fois occasion de se plaindre de son ministre, tant dans le champ administratif intérieur que dans les relations extérieures.

Chacun connaît les embarras sans nombre et sans nom que la politique tortueuse de l'ex-ministre avait créés au gouvernement pendant sa longue gestion des affaires, et chacun sait aussi que ces embarras avaient, pour la plupart, au fond, les intérêts personnels de l'ex-ministre pour cause directe ou indirecte.

Néanmoins, S. A. le Bey, tantôt pour une considération, tantôt pour une autre, avait pardonné à son ministre, et lui avait même toujours conservé sa bienveillance habituelle.

L'affaire des deux mille obligations a mis le comble à la mesure ; elle a été le coup mortel porté par le serviteur à l'affection de son maître. Son Altesse, justement irritée, pour ne pas dire indignée, de la conduite de son ministre, s'est décidée à le remplacer, après avoir spontarément réduit le taux de 18 0/0 à celui de 12 0/0, qui est le taux normal de notre place. Mais au lieu d'employer à son égard les procédés que lui, Sidi-Moustapha, avait bien des fois conseillés dans le passé, Son Altesse s'est bornée à l'inviter, par l'intermédiaire de deux de ses ministres, à donner sa démission.

Au lieu d'être reconnaissant d'une démarche non-seulement bienveillante, mais encore tout à fait inconnue dans ce pays, jusqu'ici, il a répondu : « Oui, je consens,

mais à la condition que S. A. me remettra, en échange, une quittance générale pour toute ma gestion financière, et garantira, par un décret, ma vie et ma
liberté et celle de tous les membres de ma famille. » Les employés de Son Altesse
firent remarquer à l'ex-ministre que cette double demande leur paraissait inoppor-
tune, car, d'un côté, rien ne faisait supposer qu'un danger menaçât sa vie, et, de
l'autre, il devait comprendre la nécessité de rendre compte de sa gestion. « Eh bien !
dit-il, si le gouvernement n'accède pas à ma demande, je chercherai une protection
ailleurs » ; et il se retira chez lui.

Quelques heures après, l'un des agents des puissances étrangères se présentait
officieusement chez le Bey, sur la prière du ministre, et exposait en son nom à
S. A. la double demande formulée dans la matinée; il était en même temps, por-
teur de la lettre de démission signée par le ministre. S. A., en acceptant cette démission, répondit que la vie de Sidi-Moustapha n'était pas menacée, mais que, dans
l'intérêt de son pays comme des particuliers, il ne pouvait pas lui donner quittance
avant le règlement de ses comptes.

La haute inconvenance du procédé de l'ex-ministre vis-à-vis de son souverain
a rompu pour jamais toute espèce de relations entre eux.

Ainsi, l'ex-ministre Sidi-Moustapha, depuis sa chute, qui date de plus d'un
mois, vit tranquillement chez lui sans être le moins du monde molesté, grâce à la
nouvelle administration, qui, à l'arbitraire d'autrefois, a substitué la légalité.
L'ancien ministre et ses amis n'ont à craindre aucun acte arbitraire contre sa personne ; mais ce qu'ils ne sauraient empêcher, et ce que nul ne peut empêcher, c'est
le cours de la justice en ce qui concerne les réclamations légales, soit de l'Etat,
soit des particuliers.

Ce qu'ils peuvent empêcher moins encore, c'est la manifestation de l'opinion
publique, que M. le correspondant tunisien de l'*Italie* passe sous silence, mais qu'il
n'ignore certainement pas. Ce ne sont pas seulement les particuliers à Tunis et dans
l'intérieur qui expriment la joie de ce qu'ils appellent leur délivrance par des ré-
jouissances publiques, mais le corps des Oulémas (clergé musulman) lui-même,
qui, rompant avec tous les usages anciens, s'associe au bonheur public par des céré-
monies religieuses, qui se répètent dans toutes les mosquées de la ville.

Voilà les faits tels qu'ils se sont produits ; en voilà les conséquences. Le public
tout entier, étrangers et indigènes, les connaissent et les jugent de la même façon,
sauf peut-être, ceux qui ont un intérêt personnel à agir différemment, et apparem
ment aussi M. le correspondant tunisien du journal l'*Italie*.

(*Italie*. 11 décembre 1873.)

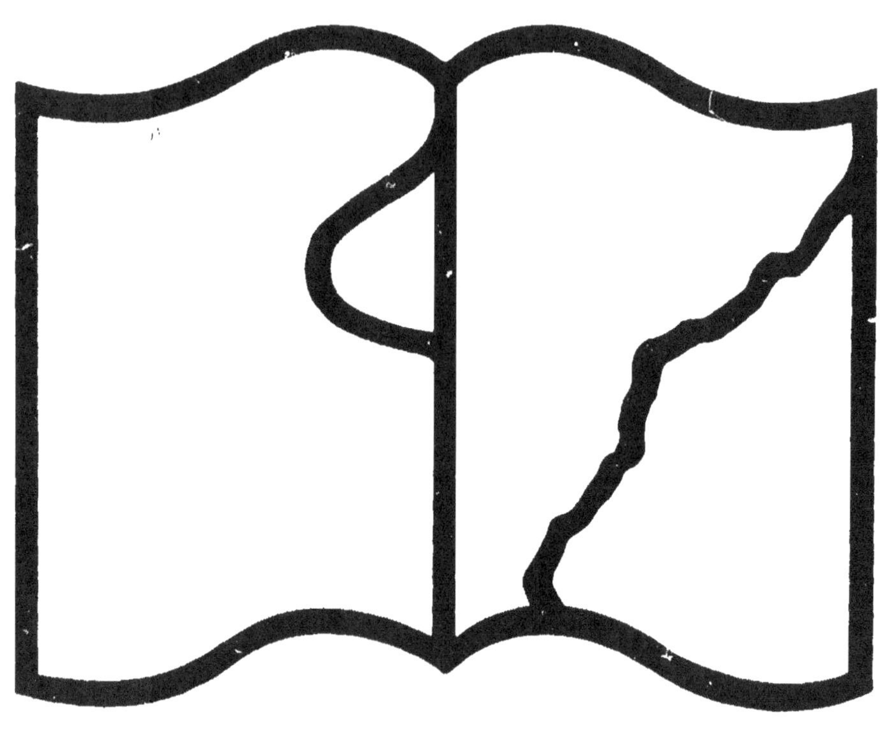

Texte détérioré — reliure défectueuse

NF Z 43-120-11